Der hl. Antonius wird von seinen verdrängten Trieben und Komplexen verfolgt.
(Matthias Gruenwald, Isenheimer Altar, 1514-1526, Museum Unterlinden Colmar,
vgl. auch S. 6 in diesem Heft.)

... Komplexe sind normalerweise Brennpunkte des
psychischen Geschehens, deren Schmerzhaftigkeit keine
krankhafte Störung beweist. Leiden ist keine Krankheit,
sondern der normale Gegenpol des Glückes.

Krankhaft wird ein Komplex erst dann,
wenn man meint, man hätte ihn nicht. ...

C. G. Jung, GW 16, § 179

Inhalt

inhalt

Liebe Leserinnen und Leser,

Komplexe und Komplexreaktionen sind allgegenwärtig, auch wenn wir sie gerne verdrängen. Viele von uns kennen sicher eine der folgenden Erfahrungen: Bei einem Gespräch fällt ein bestimmtes Wort, oder es klingt beiläufig ein bestimmtes Thema an, und auf einmal sind wir abgelenkt und verfallen eigenen Gedanken, Fantasien und Gefühlen.

Oder es werden in froher Runde Witze gemacht, man ist heiter und ausgelassen, aber bei einem bestimmten Thema ist einem plötzlich „das Lachen vergangen", man ist peinlich berührt, wird unsicher, verlegen und man kann seine Betroffenheit nur schlecht verbergen. Was ist da passiert?

In diesen Fällen wird durch einen bestimmten Reiz – ein Ton, ein Geruch, eine Farbe oder Form, ein Wort, eine Anspielung, eine Situation – unbewusst ein sensibler „wunder" Punkt oder ein heimliches Interesse angerührt, die vielleicht auf problematische Erfahrungen oder auf unterdrückte Emotionen, Triebe, Wünsche und Sehnsüchte zurückgehen.

Plötzlich also wird die Aufmerksamkeit von der gegenwärtigen Situation abgezogen, und es entsteht ein schwächer oder stärker veränderter „geistesabwesender" Bewusstseinszustand, der je nach Art des ausgelösten Inhaltes als irritierend, erschreckend und blockierend oder als angenehm, lustvoll und faszinierend erlebt wird. Irgendetwas ist plötzlich „in uns gefahren", hält uns „besetzt" oder „gefangen", und erst nach einer Weile können wir wieder einigermaßen in den Normalzustand zurückkehren und klarer denken.

Solche dynamischen Elemente der Psyche hat die Tiefenpsychologie „Komplexe" genannt. Dieser Begriff ist in den alltäglichen Sprachgebrauch eingegangen. Wenn man beispielsweise sagt, dass ein Mensch deutliche „Komplexe" habe, sind meist sichtbare Unsicherheiten und Hemmungen, Minderwertigkeits- und Versagenskomplexe gemeint.

Diese oft angst- und schambesetzten emotionalen Reaktionen können dazu führen, dass sich Betroffene unfrei fühlen und nicht recht wissen, was sie tun können, um sich von ihrer Macht zu befreien. Gleichzeitig möchten sie nicht, dass andere ihnen diese Reaktion anmerken, weil sie damit ja offenbaren, dass in ihnen etwas geschieht, worüber sie keine Kontrolle haben und was sie verborgen halten wollen. Sie werden versuchen, rasch auf ein anderes Thema abzulenken oder die Situation mit einem guten Vorwand zu verlassen.

Aus solchen unangenehmen Erfahrungen könnte man ableiten, dass Komplexe hauptsächlich negativ getönte Störfaktoren sind. Aber es gibt durchaus auch positiv erlebte Komplexreaktionen, die mit der Befriedigung unserer Grundbedürfnisse und Interessen, mit Lust und Leidenschaft, Euphorie, Faszination und Be-Geisterung verbunden sind.

Denken wir nur an unsere Verliebtheiten! Sie können uns für längere Zeit in ihren Bann ziehen, uns „verzaubern" und das weitere Leben tiefgreifend bestimmen. Menschen können von einem anderen Menschen, einem Tier, einem Objekt (z. B. Auto), einer Idee, ihrer Arbeit, einem Hobby, einer Leidenschaft oder Sucht wie „besessen" sein oder von ihnen „aufgefressen" werden und sind in diesen Phasen für ihre Mitmenschen kaum richtig erreichbar. Sie leben wie in einer anderen Welt, sprichwörtlich in einem geheimnisvollen „siebten Himmel".

Komplexreaktionen sind also keine seltenen Ausnahmen im psychodynamischen System. Im Gegenteil, sie sind normale psychoneuronale Verschaltungen, Automatismen, „Sub-Programme", Erlebens- und Verhaltensschemata, die das menschliche Erleben und Verhalten sowohl in gesunder als auch in krankhafter Hinsicht weitgehend bestimmen.

Ihr Ablauf entspricht der Funktion unseres unbewussten, assoziativ arbeitenden Gehirns, das fortwährend bemüht ist, uns sicher in der Welt zu orientieren. Bei Dingen, mit denen wir unangenehme Erfahrungen gemacht haben, reagieren wir natürlicherweise mit Abwehr und Vermeidung, bei angenehmen Erfahrungen mit Interesse und Annäherung.

Viele Komplexfelder entfalten ihren Einfluss nur auf unbewusste Weise. Das psychoneuronale System (Psyche/Gehirn) unterhält sich gewissermaßen mit sich selbst, organisiert sich selbst, lenkt die Aufmerksamkeit und das Interesse einmal hier- und einmal dorthin, lässt Ideen, Gedanken, Einfälle auftauchen oder erzeugt unmerkliche Stimmungsveränderungen. Wir werden von unseren Komplexen sehr subtil gesteuert und weit mehr, als wir üblicherweise ahnen.

Andere Komplexe können mit elementarer Gewalt hervorbrechen und stärkste Affekte, Fehlleistungen, Kurzschlusshandlungen und psychische Störungen hervorrufen. Bei diesen heftigen Komplexreaktionen („Komplexexplosionen"), bei denen man sich nicht mehr „im Griff" hat und sich später fragt, was da mit einem passiert ist, haben Menschen früherer Kulturen manchmal geglaubt, sie seien von einem bösen Fluch oder Zauber oder von einem Geist, Dämon oder Teufel besessen.

C. G. Jung war einer der Pioniere der Psychologie, der versucht hat, die Komplexstruktur der Psyche und damit auch die Existenz unbewusster Dynamiken experimentell zu belegen (Assoziationsexperiment). Während Freud zunächst noch die Arbeit mit den Träumen als „via regia", als Königsweg zum Unbewussten, angesehen hatte, entwickelte Jung die Auffassung, dass der Königsweg eher über die Komplexe führe, denn diese würden sich zwar auch in unseren Träumen symbolisieren und das Traumgeschehen bestimmen, aber eben nicht nur in unseren Träumen, sondern auch in unserem sonstigen Erleben und Verhalten.

Die therapeutische Arbeit mit Komplexen – die im Grunde in vielen Therapien stattfindet, auch wenn sie nicht tiefenpsychologisch orientiert sind – hat damit den Vorteil, dass sie auch dann möglich ist, wenn man sonst keine andere Arbeit mit dem „Unbewussten" machen kann oder will.

Lebensskripte

Es gibt, wie oben beschrieben, relativ kurzfristige Komplexreaktionen, aber auch komplexhaft aufgeladene Themen, die unser Schicksal wie ein unbewusster Plan zeitlebens bestimmen können.

Der österreichische Arzt und Psychotherapeut, Begründer der Individualpsychologie, Alfred Adler hat als erster in der von ihm konzipierten Individualpsychologie beschrieben, wie beispielsweise ein Minderwertigkeitskomplex zu oft ganz unbewussten Leitlinien, einem grundlegenden Lebensstil beitragen kann, z. B. „Ich muss der Sieger sein und immer Erfolg haben" oder „Ich muss die Verantwortung tragen und ganz für andere Menschen da sein" oder „Ich bin hilflos, schwach und krank."

Der Versuch, das Minderwertigkeitsgefühl durch besondere Anstrengungen auszugleichen und zu kompensieren, kann zwar zu wertvollen Entwicklungen führen, aber auch zu einer Überkompensation im Sinne eines zu starken Geltungs-, Überlegenheits- und Machtstrebens mit letztlich destruktiven Auswirkungen auf den Einzelnen und die Gemeinschaft (vgl. dazu den Beitrag von Rainer Lemm-Hackenberg in diesem Heft).

Neuere psychologische Richtungen, die das Thema der komplexbedingten Lebensskripte aufgegriffen und weiterentwickelt haben, sind z. B. die Transaktionsanalyse von Eric Berne, die kognitive Verhaltenstherapie oder die Schema-Therapie von Jeffrey Young.

Viele dieser komplexbedingten Muster werden zu so festen Persönlichkeitsstrukturen und Lebensformen, dass sie sich später auch kaum oder gar nicht mehr verändern lassen. Im besten Fall kann man dann durch Einsicht lernen, gelassener und besonnener mit ihnen umzugehen.

So hoffen wir, dass dieses Heft dazu beiträgt, dass wir uns bewusster, achtsamer und freundschaftlicher mit unseren Komplexen und Komplexthemen auseinandersetzen.

Für das Redaktionsteam

Ihre
Anette und Lutz Müller

Félicien Rops,
La Tentation de saint
Antoine, 1878

Die Versuchungen des heiligen Antonius

Der heilige Antonius der Große (*angeblich 251; †356) zog sich schon früh in die Einsamkeit zurück und hoffte, dort seine innere Ruhe zu finden. Aber so einfach mit Ent-
behrung, Unterdrückung, Askese und Gebeten lassen sich die archaischen Energien der
Seele meist nicht überwinden. Das haben er und viele andere Heilige leidvoll erfahren
müssen. Antonius wurde geplagt von Teufelserscheinungen und Dämonen, die ihm
gotteslästerliche Gedanken, Fantasien und Visionen eingaben, von Reichtum, Essen,
Sexualität und familiärer Geborgenheit.

Dem heiligen Antonius wird häufig das Schwein als Attribut beigefügt, weil er Patron
der Haustiere ist und die Antonitermönche Landwirtschaft und Schweinezucht betrieben
haben. Schweine, die mit ihrer triebhaften Natur auch in die Nähe zu Dämonen gebracht
werden, stehen unter seinem besonderen Schutz.

Wenn man will, kann man darin auch eine psychologisch sehr treffende Ironie erblicken.
In seiner Beschäftigung mit den Schweinen fand er vielleicht eine Möglichkeit, seine
verdrängten „schweinischen" Seiten in sublimierter Weise mitleben zu lassen. Hierin
deutet sich von Ferne eine mögliche versöhnende Integration von Körper und Seele, Trieb
und Vernunft, Natur und Geist an. Diese will aber im christlichen Abendland bis heute
nicht recht gelingen, wenn man die immer aktuellen Konflikte der Kirche, die mit den
Macht-, Geld- und Sexualkomplexen ihrer Vertreter verbunden sind, in Betracht zieht.

Was zum Teufel ...
ist da in mich gefahren?

Wie unsere inneren „Dämonen" und Schattenseiten unser Leben bestimmen

Lutz Müller

> Wenn der historische Prozeß der Welt-
> entseelung, eben der Zurücknahme der
> Projektionen, so weiter geht wie bisher,
> dann muß alles, was draußen göttli-
> chen oder dämonischen Charakter hat,
> zur Seele zurückkehren, in das Innere
> des unbekannten Menschen, von wo
> es anscheinend seinen Ausgang ge-
> nommen hat.
>
> (Jung, GW 11, § 141)

Götter, Geister und Dämonen

Psychologisch gesehen handelt es sich bei den Phänomenen, die in früheren Kulturen als von Göttern, Teufeln, Geistern und Dämonen bewirkt angesehen wurden, um Symbolisie-rungen und Personifikationen von einerseits äußeren Naturvorgängen und andererseits inneren Prozessen (z. B. körperliche und psychische Störungen, Komplexe). Die Ursachen für diese, weil man sie nicht verstehen und kontrollieren konnte, vermutete man in jensei-tigen Kräften. Man bemühte sich, solche unbe-kannten Mächte durch alle möglichen Rituale und Opferhandlungen günstig zu stimmen.

Jung nannte die psychischen Komplexe auch „Teil-Persönlichkeiten", weil sie sich unter bestimmten Umständen eben aufführen, als seien es tatsächlich eigene Persönlichkeiten mit eigenem Willen, Fühlen und Denken. Auch in unseren Träumen tauchen ja viele Personen mit erstaunlichem Eigenleben auf, die sich sub-jektstufig als eigene Anteile verstehen lassen, auch wenn sie uns oft sehr fremd erscheinen.

Oder denken wir an das eigenartige Phä-nomen der sogenannten „multiplen Persön-lichkeit", bei der es mehrere Persönlichkeiten in einem Menschen gibt und die eine Persön-lichkeit nichts von der oder den anderen weiß.

Die psychischen Inhalte können umso selbst-ständiger erscheinen, je mehr sie abgewehrt werden müssen. Dies ist häufig dann der Fall, wenn traumatische Erfahrungen Menschen so belasten, dass sie alles damit Verbundene verdrängen oder abspalten müssen, um eine ausreichende psychische Stabilität aufrecht-zuerhalten. Aber auch Gewissens-, Schuld-, Versündigungs- und Bestrafungsängste kön-nen abgespalten werden. Wenn dann ein sol-cher komplexbedingter Inhalt doch „durch-bricht",

> [...] so empfindet das Individuum diesen Inhalt als fremd, unheimlich und zugleich faszinierend; auf jeden Fall wird das Bewußtsein dadurch in beträchtlicher Weise beeinflußt, sei es, daß es den Komplex als krankhaft empfindet, sei es, daß es dadurch dem normalen Leben entfremdet wird. Es tritt [...] ein Zustand von „Entfremdung" ein, denn es mischt sich etwas in das individuelle Bewußtsein, das eigentlich unbewußt, das heißt vom Ich getrennt, bleiben sollte. Gelingt es, einen solchen Inhalt wieder aus dem Bewußtsein zu entfernen, so fühlt sich das Indi-viduum erleichtert und normaler. Der Einbruch dieser fremden Inhalte findet sich als charakteristisches Symptom am Anfang vieler Geisteskrankheiten. Die Kranken werden von fremden und unerhörten Gedanken befallen, die Welt sieht verändert aus, die Menschen ha-ben fremde, verzerrte Gesichter usw.
>
> (Jung, GW 8, § 590)

Jung spricht hier eine typische Erscheinungsweise der Komplexe an. Je unbewusster sie sind und je höher ihre energetische Aufladung ist, desto mehr erscheinen sie dem Ich-Bewusstsein als fremd und autonom.

In Fällen psychischer Störung, wie z. B. bei Phobien oder Zwangssymptomen, erlebt sie das Individuum als unverständlich, aber doch noch zur eigenen Persönlichkeit gehörend. Sind sie stärker verdrängt und abgespalten, können sie den Charakter eines von außen kommenden, häufig bedrohlichen Wesens (Teufel, Dämon, Geist, Stimme, unsichtbare Energie) annehmen, als Halluzinationen und Wahnvorstellungen erscheinen oder werden auf andere Menschen projiziert.

Der Schatten

An einen dieser Teilaspekte oder einer dieser Teilpersönlichkeiten, die als besonders dämonisch empfunden werden, sei hier besonders erinnert: den von der Analytischen Psychologie so genannten „Schatten".

Im bildhaften Begriff des Schattens sind alle „negativen" Eigenschaften einer Persönlichkeit zusammengefasst, wie z. B. Egoismus, Aggressivität, Triebhaftigkeit, Neid, Habgier, Geiz etc. Sie müssen unbewusst bleiben, weil sie im Widerspruch zum den Ideal- und Moralvorstellungen des Einzelnen und der Gesellschaft stehen.

In allen Kulturen spielt die Auseinandersetzung mit dem Bösen, Dunklen und Triebhaften eine große Rolle. Auch heute noch bilden sie die Grundbestandteile jedes einigermaßen interessanten Romans und Films. Die meisten von uns finden Geschichten, die nicht mit einer gewissen Prise von „Sex and Crime" gewürzt sind, langweilig. Geschichten brauchen einen Gegenspieler, Widersacher, Rivalen oder „Bösewicht", damit eine dynamische Spannung entsteht.

Das scheint archetypisch zu sein, denn in vielen Kulturen werden bestimmte „böse", „egoistische" und triebhafte, insbesondere sexuelle Seiten der Persönlichkeit mit Bann und Tabu belegt, so dass sie sich nur auf indirekte Weise befriedigen lassen, häufig also auf dem Weg der Projektion im Roman, Schauspiel, im Film, im Skandal oder Verbrechen, bei der der Andere das tut, was man selbst vielleicht gerne täte.

Auch wenn man es eigentlich nicht täte, findet man doch Befriedigung darin, mitzuerleben, dass auch andere Menschen sehr eigenartige, dumme, unkontrollierte, aggressive und sexuelle Sachen machen, bei denen deutlich wird, wie sie ihren Dämonen, Komplexen und Trieben ausgeliefert sind – wie wir alle.

Persona und Schatten

Der Schatten steht in einem umgekehrten Verhältnis zur sogenannten „Persona", zur Fassade und „Maske", die nach außen hin gezeigt wird: Je mehr versucht wird, sich einseitig nach gesellschaftlichen oder religiösen Vollkommenheitsmaßstäben zu orientieren, desto dunkler kann der Schatten sein.

Menschen, welche stark mit festgelegten Rollen und einer fassadenhaften Persona identifiziert sind, die wenig von ihrer wirklichen Persönlichkeit und ihrer menschlichen Ganzheit zum Ausdruck kommen lassen, müssen häufig in ganz besonderem Maße die vielen anderen, zur Persona nicht passenden Seiten in ihren unbewussten „Schattenbereich" drängen und ängstlich darauf bedacht sein, sie nicht zum Vorschwein (klassischer freudscher Verschreiber!) kommen zu lassen.

Aus dieser Angst vor dem Sichtbarwerden der Schattenseiten kann sich ein unheilvolles psychodynamisches Geschehen aufschaukeln. Gerade durch ihre „Verteufelung" können normale, allgemeinmenschliche Seiten der Persönlichkeit wie blutrünstige Dämonen erscheinen. Und je mehr ein solch blutrünstiger Dämon heimlich lauernd gespürt wird, desto größer werden Anspannung, Stress und Angst. Es entsteht Angst vor den eigenen Untiefen, Angst, dass andere Menschen einen durchschauen und entlarven könnten, dass sie diese Monster entdecken könnten. Diese dauernde Angst vor Entlarvung macht misstrauisch, und man bemüht sich, eine umso stabilere Fassade aufrechtzuerhalten, welche wiederum die Schattenseiten anwachsen lässt.

Diese Identifikationen mit der sozialen Rolle sind überhaupt ergiebige Neurosenquellen. Der Mensch kann sich eben nicht ungestraft seiner selbst zugunsten einer künstlichen Persönlichkeit entledigen. Schon der Versuch dazu löst in allen gewöhnlichen Fällen unbewußte

Reaktionen aus, Launen, Affekte, Ängste, Zwangsvorstellungen, Schwächen, Laster usw. Der sozial „starke Mann" ist im „Privatleben" öfters ein Kind seinen eigenen Gefühlszuständen gegenüber, seine öffentliche Disziplin (die er ganz besonders von den anderen verlangt) wird privat jämmerlich zuschanden. Seine „Berufsfreudigkeit" hat zu Hause ein melancholisches Gesicht; seine „fleckenlose" öffentliche Moral sieht hinter der Maske merkwürdig aus – wir wollen nicht von Taten sprechen, sondern bloß von Phantasien, auch wüßten die Frauen solcher Männer einiges zu erzählen [...] (C. G. Jung, GW 7, § 306 f.)

Der kollektive Schatten

Neben dem persönlichen Schatten gibt es auch den kollektiven Schatten, das sind die Schattenseiten, die von einer Gesellschaft und Kultur unterdrückt und bekämpft werden.

In der christlichen Kultur wird der kollektive Schatten-Komplex „Teufel" oder „Satan" genannt. Er sieht schreckenerregend aus, verzieht sein Gesicht zu einem „teuflischen", sadistischen Lachen, trägt tierisches Fell, hat einen Bocksfuß, Hörner und ist häufig in Rot, der Farbe der Aggression und Leidenschaft, gekleidet. Er verkörpert das Böse schlechthin und verführt zu den „Todsünden".

Wenn wir von jemandem sagen: „Der ist ja vom Teufel besessen", dann meinen wir meist jemanden, der aggressiv, machthungrig, triebhaft und geldgierig ist. Der Teufel symbolisiert somit dunkle Seiten unserer Natur, die von einer Vielzahl von Menschen der christlichen Kultur verdrängt werden müssen, weil sie mit Höllenstrafen und ewiger Verdammnis belegt sind.

Gerhard Zacharias vertritt in seinem Buch *Satanskult und Schwarze Messe* (1964) die Auffassung, dass der Bereich des Teuflischen historisch, religions- und kulturgeschichtlich gesehen in einer unauflösbaren, komplementären Beziehung zum Christentum und seinen Einseitigkeiten steht.

Vor der hellenistischen Zeit in der Antike habe es keine dem Satan vergleichbare Gestalten gegeben, denn die chthonisch-dunklen Mächte seien in den Kosmos des Göttlichen

Die segnende Hand wirft einen teuflischen Schatten (Abbildung aus einem Manuskript des Okkultisten Eliphas Levi, 1810-1875). Eine bemerkenswerte Einsicht in die Polarität von Gut und Böse, von Persona und Schatten.

miteingeschlossen gewesen. Im Mittelpunkt der Religion des minoischen Kreta habe die Große Göttin, deren Bezug zum Chthonisch-Dunklen einerseits durch ihre Verehrung in Erdhöhlen, andererseits durch ihre Schlangenattribute zum Ausdruck komme, gestanden. Die kretische Welt habe im Ganzen einen erdhaft-dionysischen Charakter gehabt. Dionysos mit seinem Gefolge repräsentiere jene Tiefe, die mit der lichten Sphäre der olympischen Gottheiten in einer umfassenden Beziehung stehe.

Aber nicht nur Dionysos, der Gott des Weines, der Orgie, der Ekstase, des Rausches, des vegetativ-naturhaften Lebens sei ein Beispiel der noch ungespaltenen, hell-dunklen Ganzheit der griechischen Götterwelt. Auch andere Gottheiten wie z. B. Hermes, der Götterbote, Seelenführer und Betrüger, sein

Magier im magischen Kreis bei Anbetung und Evokation jenseitiger Kräfte. Nach einer alchemistischen Zeichnung aus dem Werk: Amphitheatrum sapientiae aeternae von Heinrich Khunrath, 1595

Die hermetischen Traditionen sind, worauf Jung verschiedentlich hingewiesen hat, in gewissem Sinne Vorläufer der Tiefenpsychologie und deren Methodik. Der Magier und Alchemist, der sich auf sein *opus magnum*, das große Werk konzentriert, das Oben und Unten, Himmel und Erde, Geist, Seele und Natur miteinander verbinden soll, muss sich immer wieder meditativ-imaginativ mit den inspirierenden „höheren" Energien verbinden. Gleichzeitig muss er sich vor den „niederen" „dunklen Kräften" der Macht, der Gier, des Egoismus und des Größenwahns, die ihn verblenden und verderben wollen, schützen.

Sein „Temenos" (umgrenzter heiliger Ort) ist deshalb umgeben von einem magischen Schutzkreis. Der Magier kann die dämonischen Schattengestalten zwar sehen und erkennen, aber wird von ihnen nicht „besessen". „Ne loquaris de Deo absque lumine." Das könnte man so interpretieren: „Sprich nicht über Gott ohne Licht", d. h. ohne Bewusstheit, sonst verfällt man leicht der dunklen Seite der Macht.

bocksbeiniger, phallischer Sohn Pan, der eine wilde, geile, vergewaltigende, erschreckende Triebhaftigkeit verkörperte, die Mondgöttin Hekate, die zugleich Totengöttin, Zauberin und Muttergottheit war und den Frauen im Kindbett half, oder auch Göttervater Zeus selbst hätten durchaus ambivalenten Charakter und wären ihren Schwächen, Trieben, Lüsten ausgeliefert.

Das frühe Christentum hat die erdhaften, körperlichen, rauschhaften, sexuellen, dunklen Seiten des Göttlichen dämonisiert. Dadurch ist es zu einer „Verteufelung" und Abspaltung dieser Bereiche des Erdhaften und „Unteren" gekommen. Nur zu Zeiten des Karnevals – und inzwischen des „Halloween" – dürfen Hexen, Teufel, Dämonen und alle möglichen Horrorgestalten in uns hervorkommen und ihr verrücktes Spiel treiben.

Erd-Entwertung, Erd-Feindschaft und Erd-Angst sind aber Ausdruck eines schwachen Ich-Bewusstseins, das sowohl die natürliche Außenwelt als auch die seelische, unbewusste Innenwelt als schreckenerregend, machtvoll und überwältigend erlebt. Es muss deshalb zu primitiven Abwehrmechanismen greifen, wie z. B. Projektion, um seine Angst zu kontrollieren und sich zu stabilisieren.

Welche verheerenden Folgen diese Feindbildprojektionen mit ihren Vorurteilen, ihrem Aberglauben und ihrer Gewalttätigkeit haben können, wird uns aus der Geschichte der Kreuzzüge, der Hexenverfolgungen und Teufelsaustreibungen oder der vielen „heiligen Kriege" mit ihrem missionarischen Tötungseifer in erschreckender Weise vor Augen geführt. Damit ist die Integration des Schattens, wie es die Analytische Psychologie im Individuationsprozess anstrebt, nicht nur ein Erfordernis zur Selbst-Verwirklichung des Individuums, sondern sie ist zugleich auch von weitreichender gesellschaftlicher und politischer Relevanz. Denn in dem Maße, in dem man sich mit sich selbst versöhnt, befriedet man auch seine Umwelt.

Wenn man sich jemanden vorstellt, der tapfer genug ist, diese Projektionen allesamt zurückzuziehen, dann ergibt sich ein Individuum, das sich eines beträchtlichen Schattens bewußt ist. Ein solcher Mensch hat sich neue Probleme und Konflikte aufgeladen. Er ist sich selbst eine ernste Aufgabe geworden, da er jetzt nicht mehr sagen kann, daß die Anderen dies oder jenes tun, daß sie im Fehler sind, und daß man gegen sie kämpfen muß. [...]

Solch ein Mensch weiß, daß, was immer in der Welt verkehrt ist, auch in ihm selber ist, und wenn er nur lernt, mit seinem eigenen Schatten fertig zu werden, dann hat er etwas Wirkliches für die Welt getan. Es ist ihm dann gelungen, wenigstens einen allerkleinsten Teil der ungelösten riesenhaften Fragen unserer Tage zu beantworten.
(Jung, GW 11, § 140)

Damit tritt der Mensch hervor, wie er ist, und zeigt das, was zuvor unter der Maske der konventionellen Anpassung verborgen war, nämlich den Schatten. Dieser wird durch die Bewußtwerdung dem Ich integriert, wodurch sich eine Annäherung an die Ganzheit vollzieht. Die Ganzheit ist keine Vollkommenheit, sondern eine Vollständigkeit. Durch die Assimilation des Schattens wird der Mensch gewissermaßen körperhaft und damit tritt seine animalische Triebsphäre sowohl wie die primitive oder archaische Psyche in den Lichtkegel des Bewußtseins, woraus sie sich nicht mehr mit Hilfe von Fiktionen und Illusionen verdrängen läßt. Dadurch wird der Mensch zu dem schwierigen Problem, das er eben ist. [...]

Die heutige Fragestellung ist nicht mehr: Wie kann ich meinen Schatten loswerden? Denn dazu hat man genug gesehen vom Fluch der Halbseitigkeit. Vielmehr muß man sich fragen: Wie kann der Mensch mit seinem Schatten leben, ohne daß daraus eine Reihe von Unglücksfällen entsteht?
(Jung, GW 16, § 452)

Die Integration der inneren Dämonen
Wie kann es nun zu einer Versöhnung mit dem Schatten und zu einer Integration problematischer Komplexe kommen? Es lassen sich vereinfachend drei Schritte unterscheiden:

- Vorbereiten,

- Durcharbeiten und

- Integrieren.

Vorbereiten bedeutet, dass man sich erst einmal bewusst machen muss, dass ein entsprechender Komplex oder Schattenaspekt überhaupt vorliegt. Dieser erste Schritt ist oft eine der schwierigsten Aufgaben der Psychotherapie, denn meist soll ja gerade der eigentlich problematische Komplex nicht wahrgenommen werden. Es braucht oft lange Phasen der Angstreduktion und der Vertrauensbildung zur therapeutischen Begleitperson, bis man sich erlauben kann, sich dem eigenen Unbekannten und Dunklen anzunähern und ihm aufrichtig ins Auge zu blicken.

Durcharbeiten: Wenn man dazu dann endlich bereit ist, dann muss man sich intensiv und wiederholt mit dem anstehenden Problem auseinandersetzen, es immer wieder erneut durcharbeiten und in den verschiedenen Aspekten und Zusammenhängen zu verstehen suchen, bis sich dadurch Veränderungen im Erleben und Verhalten ergeben.

Einig sind sich Tiefenpsycholog*innen darüber, dass ein bloß rationales Verstehen der Problematik nicht ausreicht, sondern dass man sie immer wieder emotional erleben muss – auch in der therapeutischen Beziehungssituation –, damit sie wirklich bewusst gemacht werden kann und man sich verantwortlich mit ihr auseinander zu setzen vermag.

Integrieren: Psychodynamisch geht man davon aus, dass die seelische Energie, die vorher in der Angst und Abwehr gebunden war, dann befreit wird und dem Betreffenden für eine gesündere und bessere Lebensbewältigung zur Verfügung steht. Das ist im Grunde unmittelbar einleuchtend und wird in vielen Variationen von den meisten Therapierichtungen auch so gedacht.

Ken Wilber, der amerikanische Philosoph einer integralen Theorie und Psychologie, fasst dieses Vorgehen in seinem 3-2-1-Prozess mit der griffigen Formel zusammen:

„Face it (3) – Talk to it (2) – Be it (1)"

Face it: Konfrontieren, anschauen, sich vertraut machen

Da, wie beschrieben, die Konfrontation mit unseren abgewehrten Seiten meist sehr unangenehm und angstmachend ist, empfiehlt sich eine behutsame und vorsichtige Annäherung. Beginnen kann man beispielsweise damit, dass man sich theoretisch mit dem Thema im Allgemeinen beschäftigt, indem man darüber nachdenkt, nachliest, mit anderen Menschen spricht und diskutiert. So können Fragen entstehen wie:

- Wo und wie wurden Geister und Dämonen in der Menschheitsgeschichte, den Religionen, der Kunst etc. beschrieben?
- Welche Erscheinungsformen von Geistern und Dämonen gibt es? Um was kann es sich dabei alles handeln? Welche Funktion könnten Geister- und Dämonenglauben für eine Gesellschaft haben?
- Wie gehen die verschiedenen Kulturen mit dem Bösen, dem Schattenhaften, um?
- Was sind die Urängste des Menschen und wie kann man sie bewältigen?
- Welche triebhaften Bedürfnisse hat er und wie sehen die unterschiedlichen Versuche des Menschen aus, mit ihnen zu leben, oder sie zu unterdrücken?
- Was sind Abwehrmechanismen wie z. B. Verdrängung, Verleugnung, Projektion usw.? Was sind Komplexe?
- Wie entstehen Komplexe, wie wirken sie sich aus?
- Wie gehen Menschen mit ihren Komplexen um?
- Wie werden Komplexe bewältigt bzw. abgewehrt?
- Welche Gefahren entstehen, wenn der Schatten nicht bewusst gemacht wird?
- Gibt es Möglichkeiten, schattenhafte Anteile zu leben, ohne sich und anderen Menschen zu schaden?

Eine weitere relativ „ungefährliche" Methode, sich mit der eigenen wie der gesellschaftlichen Schattenproblematik vertraut zu machen, ist, sich damit zu beschäftigen, wie sie von außen durch die Medien an uns herantritt.

Face it (Adobe Stock 68330331)

Worin liegt der heimliche Reiz von Horror-, Thriller und Kriminalfilmen, von Krisen und Katastrophen, Sensationsenthüllungen, Skandalen, Klatsch, von Missgeschicken, Peinlichkeiten und Fehlleistungen?

Die viel und oft beklagte negative Berichterstattung in den Medien wird von den Publizisten häufig so erklärt, dass sie sich der Wahrheit und Realität verpflichtet fühlten und dass sie sich nicht einer „Schönfärberei" schuldig machen möchten. Dies scheint zum großen Teil eine Rationalisierung, denn es geht nicht hauptsächlich um die „Wahrheit", sondern um die Auflagenhöhen und die Einschaltquoten. Wir Menschen erwarten Dramen, Skandale und Katastrophenmeldungen, in denen unsere Schattenseiten Genugtuung und Befriedigung finden können.

Wenn man sich also theoretisch an den Gedanken gewöhnt hat, dass alle Menschen irgendwo dunkle und böse Seiten haben, kommt der nächste Schritt: Wie sehen unsere persönlichen Komplexe und Schattenseiten aus? Das Direkteste wäre natürlich, sich hinzusetzen, in aller Zeit und Ruhe ganz offen und ehrlich über sich und sein Leben und seine Beziehungen, seine Fantasien, Träume und Taten nachzudenken und die eigene Komplex- und Schattenlandschaft zu erkunden.

Aber man hat meist wenig Lust und Ausdauer, sich den oft auch unangenehmen Gefühlen, die dann auftauchen, zu stellen und bei ihnen zu bleiben, ohne sie zu verharmlosen oder umzudeuten. Außerdem hat man natürlich auch diesbezüglich viele „blinde Flecke",

so dass einem die entscheidenden kritischen Stellen gar nicht auffallen.

Eine andere Möglichkeit wäre, sich entsprechende Feedbacks bei Partnern und Freunden einzuholen. Man bittet diese, ganz offen und ehrlich zu sagen, wo sie denn Schwierigkeiten mit uns haben, wo sie denn glauben, dass unsere Komplexe und Schattenseiten liegen. Aber auch hier ist zu vermuten, dass sie uns nicht die ganze Wahrheit sagen, weil sie uns nicht kränken und die Beziehung zu uns nicht belasten möchten.

Eine weitere Möglichkeit ginge über den Umweg der Projektion. Schreiben wir auf, was wir an anderen Menschen, bei Freunden, Partnern und Kollegen nicht mögen. Aus dieser vermutlich umfangreichen Liste kreuzen wir dann an, welche von den dargestellten Eigenschaften wir ganz besonders ärgerlich finden. Das, was wir am wenigsten akzeptieren können, hat sehr wahrscheinlich in irgendeiner Weise mit unseren eigenen projizierten Eigenschaften zu tun.

Natürlich gibt es auch bei anderen Menschen eine Vielzahl von negativen Eigenschaften, die uns zu Recht erbosen, wo wir auch ohne eigene Schattenprojektion zutiefst empört und aggressiv reagieren können und auch sollten. Aber als Faustregel kann gelten: Je stärker, unverhältnismäßiger und unangemessener unsere emotionale Reaktion auf andere Menschen oder gesellschaftliche Umstände ist, desto wahrscheinlicher handelt es sich dabei (wenn auch nicht nur) um eine Schattenprojektion.

Der Schatten kommt darüber hinaus in Situationen zum Vorschein, die uns zum Lachen reizen (unser Lieblingswitz!) oder in vielfältigen kleineren oder größeren psychischen Störungen, wie z. B. bei Konzentrations- und Gedächtnisschwierigkeiten, plötzlich abschweifenden Gedanken, heftiger Müdigkeit, psychosomatischen Reaktionen, ungewöhnlichen Verhaltensweisen und Fehlleistungen wie Versprechen, Verhören, Missgeschicken.

Das Ausrutschen, Stolpern und Hinfallen anderer Menschen gehört zu den Missgeschicken, die fast regelmäßig beträchtliche Schadenfreude bei uns hervorlocken. Vermutlich genießen wir es ziemlich, wenn so offensichtlich ist, dass der andere seine Haltung nicht mehr bewahren kann, seine Kontrolle und Beherrschung verliert, „keine gute Figur macht", „auf die Nase fällt". Seine „Niederlage" gibt uns einerseits einen gewissen Triumph über ihn, andererseits wohl auch das beruhigende Gefühl, dass der andere auch nur ein normaler Mensch ist, der sich genauso dumm oder ungeschickt anstellen kann wie wir selbst.

Ein weiterer Spiegel zur Entdeckung unseres Schattenbereichs wäre unsere nächtlichen Träume und täglichen Fantasien. Wenn man allein nur wirklich ehrlich sein könnte, sich ganz bewusst zu machen und ernst zu nehmen, was man so alles zusammenträumt und so alles über sich und andere Menschen denkt und fantasiert, dann bräuchte man sich keine unnötigen Illusionen mehr über seine dunklen Seiten zu machen.

Talk to it   (Adobe Stock 422927359)

Talk to it

Wenn man nun endlich gegen alle Widerstände einen Komplex- oder Schattenbereich bei sich identifiziert hat, dann bietet die moderne Psychotherapie eine Vielzahl von Methoden an, sich mit ihm tiefergehend auseinander zu setzen. Dies kann beispielsweise durch ein nichtwertendes therapeutisches Gespräch, durch kreatives Gestalten, durch Imagination, inneren Dialog, durch Körperbewegung und Tanz, durch psychodramatisches Inszenieren und Spielen geschehen.

Auch verhaltenstherapeutische Vorgehensweisen wie Entspannung und systematische Desensibilisierung bieten sich an. Auf diesen Wegen verlieren wir unsere Angst und Abwehr vor diesen Bereichen, gewöhnen uns an sie und können allmählich neue Umgangsweisen und Bewältigungsstrategien entwickeln.

Be it

Wenn wir nun alles wahrnehmen, wovor wir bisher Angst hatten, es bei uns wahrzunehmen: unsere Komplexe, Mängel, Fehler und Charakterschwächen, unsere Durchschnittlichkeit und Unterdurchschnittlichkeit, unsere Illusionen, unsere Dunkelheit und Hässlichkeit, unsere Gewalt, unseren Schmerz und unser Leid, unsere Gebrechlichkeit und Sterblichkeit und diese Dunkelheit aushalten, dann kann es passieren, dass wir uns auf einmal unendlich befreit, erleichtert und glücklich fühlen.

Es tritt der fast paradox erscheinende Effekt ein, dass gerade und erst dadurch, dass wir das komplexhaft Verdrängte, „Verrückte", „Minderwertige" und „Hässliche" in uns zulassen, auch das „Wahre", „Gute" und „Schöne" in uns erfahrbar wird.

Die Anerkennung unserer inneren Dämonen macht uns nicht böser oder schlechter, als wir ohnehin schon sind, sondern toleranter, menschlicher, kreativer, lebendiger, humorvoller, sie gibt uns mehr Freiheit, erschließt uns neue Lebens- und Handlungsspielräume.

Der Grund dafür liegt darin, dass wir durch das Annehmen unserer Schattenseiten Frieden mit uns selbst schließen. Ein Großteil unserer jahrzehntelangen inneren Konflikte und unserer aussichtslosen Kämpfe, die wir gegen uns selbst führen, kann aufhören.

Damit löst sich aber auch viel Angst und Verkrampftheit. Indem wir nicht mehr gegen uns selbst kämpfen, brauchen wir auch nicht mehr so viel gegen andere Menschen zu kämpfen. Wir müssen uns nicht mehr so viel verteidigen und rechtfertigen. Die Erfahrung unserer Gewöhnlichkeit und Endlichkeit relativiert unsere vermeintliche Wichtigkeit und Bedeutsamkeit. Wir können uns ein wenig vergessen und uns auf das Leben selbst konzentrieren. Die seelische Energie, die wir in die Abwehr der schattenhaften Komplexe und die zwanghafte Aufrechterhaltung unserer Maskeraden investiert hatten, wird frei und kann nun unserer Lebensfreude und Kreativität zufließen.

Be it (Adobe Stock 243532597)

Literatur

Kast, V. (1980/2003): *Das Assoziationsexperiment in der therapeutischen Praxis.* Stuttgart: opus magnum (kostenloser download).

Müller, A./Müller, M. (2018): *Praxis der Analytischen Psychologie.* Stuttgart.

Ribi, A.(1989/2002): *Was tun mit unseren Komplexen? Über die Dämonen des modernen Menschen.* Stuttgart: opus magnum (kostenloser download).

Wilber, K. et al.(2010): *Integrale Lebenspraxis.* München.

Lutz Müller
Prof. Dr. phil., Dipl.-Psych., Analytischer Psychotherapeut, ehem. Vorsitzender der Deutschen Gesellschaft für Analytische Psychologie, Mitherausgeber des Jung-Journals, zahlreiche Veröffentlichungen.

*Einmal innerlich deine Affekte
ganz ausreden lassen
und sie abhören und ausfragen,
was sie denn eigentlich wollen!*

Jean Paul

C. G. Jung beim Assoziationsexperiment in dem Film: *Eine dunkle Begierde* (2011), in dem die Beziehung von Jung zu Sabina Spielrein und Sigmund Freud dargestellt wird.

Das Assoziationsexperiment

Experimentell lassen sich die Komplexe mit dem Assoziationsexperiment, mit dem C. G. Jung die Erforschung der Struktur der Psyche begonnen hat, nachweisen oder auch mit einem Biofeedbackgerät oder moderner mit Hirnscans. Beim Assoziationsexperiment werden einer Versuchsperson bestimmte Reizworte dargeboten, auf die sie reagieren soll. Aus der Art und der Störung der Reaktion auf das Reiz-Wort (z. B. normale Reaktion, verzögerte Reaktion, keine Reaktion, spezieller Inhalt der Reaktion, Stottern, Veränderung des elektrischen Hautwiderstandes, des Blutdrucks, der Atemfrequenz, der Augenbewegung, der Körperspannung, Mimik, Gestik etc.) lässt sich nachweisen, dass das Reizwort einen Komplex der Versuchsperson berührt hat.

Die Versuchsperson, wenn sie nicht besonders trainiert ist, hat dabei keine Möglichkeit, eine Reaktion zu vermeiden, denn die auf diese Weise angesprochenen Komplexe sind mehr oder weniger unbewusst, relativ autonom und einer willensmäßigen Kontrolle kaum zugänglich.

In dem Film *Eine dunkle Begierde* (2011) sieht man C. G. Jung, dargestellt von Michael Fassbender, in der Arbeit mit dem Assoziationsexperiment (siehe Abbildungen rechts oben). Für den Film wurden original-historische Geräte, wie z. B. ein Galvanometer, das elektrische Stromschwankungen aufzeichnen konnte, verwendet.

C. G. Jung hatte damals sogar das Gerät weiterentwickelt, so dass man mit ihm längere Testreaktionen aufzeichnen konnte (siehe unten, Jung, GW 2, § 1018).

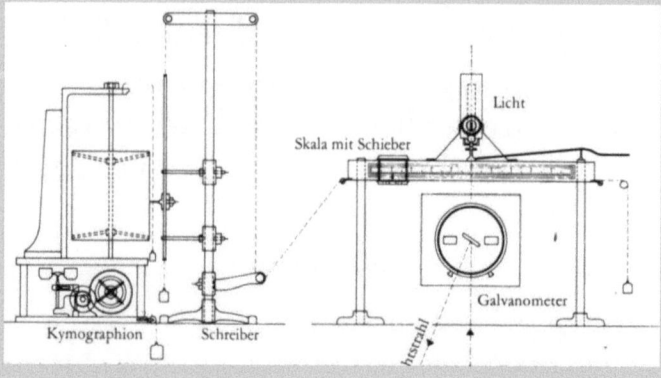

Neurobiologie und Gravitation der Komplexe

Bernd Leibig

Komplexe sind im umgangssprachlichen Gebrauch psychische Phänomene, die uns im Leben begleiten, die uns stören, beeinträchtigen, nerven, die uns manchmal zur Verzweiflung bringen, die wir loswerden wollen. Und manchmal fühlen wir uns „wie vom Teufel geritten". Dann haben wir nicht mehr die Komplexe, sondern die Komplexe haben uns. Sie bemächtigen sich dann eines Gutteils oder Schlechtteils unserer Persönlichkeit. Sie dominieren uns, bestimmen uns, und wir verlieren das Gefühl von Selbststeuerung und Selbstmächtigkeit.

C. G. Jung formuliert es so:

> In der Tat versetzt uns ein aktiver Komplex momentan in einen Zustand der Unfreiheit, des Zwangsdenkens und -handelns, wofür unter Umständen der juristische Begriff der „beschränkten Zurechnungsfähigkeit" in Frage käme.
> (Jung, GW 8, § 200)

Jung betont die ausgeprägte Autonomie der Komplexe, so dass er keinen prinzipiellen Unterschied zwischen Komplexen und Teilpersönlichkeiten sieht. Die Wirkungsweise und die Autonomie der Komplexe beschreibt Jung in eindrücklicher Sprache:

> Die Komplexe benehmen sich ja wie cartesianische Teufelchen und scheinen sich an koboldartigen Streichen zu ergötzen. Sie legen einem gerade das unrichtige Wort auf die Zunge, [...] sie verursachen den Hustenreiz gerade beim schönsten Piano im Konzert, sie lassen den zuspätkommenden Unscheinbarseinwollenden mit Krach über einen Stuhl stolpern. Sie empfehlen, bei einem Begräbnis zu gratulieren, anstatt zu kondolieren [...].
> (Jung, GW 8, § 202)

Komplexe beinhalten sowohl bewusste als auch unbewusste psychische Vorgänge. Dabei sollte nicht in Vergessenheit geraten, dass Komplexe ein bio-psycho-soziales Phänomen sind, das seine materielle Basis in der anatomischen und physiologischen Struktur unseres Gehirns und des Nervensystems hat. Komplexe sind Psycho-Somatik im eigentlichen Sinn, nämlich ein gegenseitiges, resonantes Einwirken von Körper und Geist.

Denken wir etwa an das Erröten, wenn wir in unserem Schamkomplex getroffen sind. Wir möchten das mit der Scham verbundene Kleinheitsgefühl auf keinen Fall den anderen zeigen. Die Scham soll nicht öffentlich werden. Und trotzdem bewirkt unsere Physiologie – durch Erweiterung der Gefäße –, dass wir einen roten Kopf bekommen, und damit wird der sehnliche Wunsch, uns nicht bloßzustellen, konterkariert.

In diesem Zusammenhang der engen Verwobenheit von Körper, Materie und Geist erscheint es gar nicht mehr erstaunlich, dass Jung in seinem Aufsatz *Allgemeines zur Komplextheorie* in der ersten Zeile auf Gemeinsamkeiten zwischen der modernen Psychologie und der modernen Physik hinweist. Dies dürfte eine Folge davon sein, dass er schon in dieser Zeit (1934, dem Erscheinungsjahr des Artikels zur Komplextheorie) eng mit dem Quantenphysiker Wolfgang Pauli in wöchentlichen Sitzungen diskutierte und später gemeinsam mit Pauli die Synchronizitätsidee entwickelte, die zentraler Bestandteil der Analytischen Psychologie werden sollte.

Auffallend häufig wählt Jung Beispiele und Analogien seiner Komplextheorie zu physikalischen und biologischen Faktoren. So spricht er etwa im Zusammenhang mit der Autonomie der Komplexe von der „Biologie der Komplexe" (Jung, GW 8, § 203).

Vor dlesem Hintergrund beschäftigt sich der vorliegende Artikel sowohl mit hirnphysiologischen und neuronalen Funktionszusammenhängen, die den Komplexen zugrunde liegen als auch physikalisch-kosmologischen Analogien wie der Gravitation.

Neurobiologie der Komplexe

Wir stehen von Geburt an, bzw. auch schon vor der Geburt, in engem Austausch und Resonanz zur Umwelt und den Beziehungspersonen wie Vater und Mutter. Die zunächst episodischen Erfahrungen des Säuglings bilden innere Repräsentationen, die erst im Laufe der Zeit mit dem sich herausbildenden Selbst in Beziehung gebracht werden.

Hierfür benötigen wir neben dem Kurzzeitgedächtnis vor allem auch das Langzeitgedächtnis. Einzelne, solitäre Erfahrungen werden im Kurzzeitgedächtnis und Episodengedächtnis gespeichert. Aber erst, wenn sie sich in ähnlicher Weise immer wiederholen und dadurch Muster bilden und wenn sie von besonderer Intensität sind, werden sie auch im Langzeitgedächtnis gespeichert.

Diesen Speicherungsvorgängen liegen im Gehirn molekulare Mechanismen zugrunde (man spricht von Langzeitpotenzierung), zu deren Aufklärung der Neurowissenschaftler Eric Kandel wesentlich beigetragen hat. Eine genaue Darstellung der biochemischen Vorgänge würde hier zu weit führen.

Bei höherer emotionaler Intensität und häufigen vergleichbaren Erfahrungen erkennt das Gehirn ein Muster. Und dies ist eine der wesentlichen Funktionen des Gehirns: Es ist – etwas unromantisch ausgedrückt – eine „Mustererkennungsmaschine", damit die vielfältigen Eindrücke der Welt eingeordnet, erklärt und zu einem sinnvollen Ganzen zusammengefügt werden können.

An dieser Stelle kommen die Komplexe ins Spiel. Sie helfen uns, Ordnungsmuster in der Welt zu erkennen und sinnvoll auf sie zu reagieren. So kann etwa ein etwas unfreundlicher und finster schauender Chef innere unbewusste Assoziationen und Erinnerungen an den eigenen Vater erzeugen, der wohl nicht besonders empathisch und zugewandt war oder, in gravierenderen Fällen, vielleicht sogar traumatisierenden Einfluss hatte. Der Vorteil dieser unbewusst ablaufenden Assoziationskette ist die Schaffung von innerer Ordnung. Wenn schon die Erinnerung nicht ausgelöscht werden kann, so wird wenigstens wieder ein Orientierungsrahmen geschaffen, innerhalb dessen wir uns auskennen.

Friedrich Nietzsche formuliert dies eindrücklich in *Jenseits von Gut und Böse*:

> „Das habe ich getan", sagt mein Gedächtnis. „Das kann ich nicht getan haben", sagt mein Stolz und bleibt unerbittlich. Endlich – gibt das Gedächtnis nach.

Das komplexhafte Gefühl des Stolzes schafft sich seine eigene Wahrheit.

Der Nachteil dieses weitgehend autonom ablaufenden Prozesses ist eine gewisse Vorurteilshaftigkeit. Wolf Singer sagt:

> Hoch entwickelte Gehirne beschäftigen sich vorwiegend mit sich selbst und verarbeiten die ungeheure Menge von Informationen über die Welt, die in ihrer Architektur gespeichert ist.
> (Singer, 2003, S. 137)

Psychische Komplexe sind als geronnene Erfahrung strukturell in der Systemarchitektur des Gehirns verankert und beeinflussen unsere Denk- und Fühlweise sehr stark, gerade auch durch diese von Singer erwähnte Selbstbeschäftigung und Selbstbestätigung. Man bezeichnet dies als Selbstreferentialität: Das Gehirn nimmt sich und seine Erfahrungen zum Maßstab. Auf diese Weise können bereits vorhandene, komplexbedingte Vorurteile verstärkt werden.

Deshalb ist es immer wieder sinnvoll, neue Außeneinflüsse und andere Sichtweisen in die eigene Echokammer des Gehirns zuzulassen. Es ist manchmal ganz gut, Freunde und Freundinnen zu befragen: „Wie siehst du das? Wie erlebst du mich? Könnte ich mich getäuscht haben?"

Es gibt in der Neurobiologie einen Grundsatz: „Use it or lose it." Häufig gebrauchte Muster verstärken sich und werden so allmählich zur inneren Autobahn, auf der man schnell vorankommt, die aber eine differenzierte und detailgenaue Wahrnehmung der Umgebung nicht ermöglicht.

Bei häufiger Anwendung von Komplexen kommt es also zur Verstärkung der Komplexe. Sie kennen sicher auch das erfüllende Gefühl,

komplexe

wenn wir mal von der Autobahn abfahren und die Natur genießen, neu hinsehen und hinriechen und insgesamt verlangsamen.

Das braucht eine bewusste Entscheidung, denn die Autonomie der Komplexe wirkt wie eine Autobahn, die dazu verführt, das schnelle und bekannte (die inneren Vorurteile) zu benutzen.

Der Kinderanalytiker Daniel Stern drückt dies in etwas wissenschaftlicherer Sprache aus: Er spricht von sog. RIGs, generalisierten Interaktionsrepräsentanzen (Representations of Interactions that have been Generalized, RIGs) (Stern, 1992, S. 143 ff.).

Dies entspricht ziemlich genau dem Jung'schen Komplexverständnis, dass Komplexe verdichtete und an der archetypischen Grundstruktur kondensierte Erfahrungen sind.

Verena Kast bezeichnet Komplexe auch als „Brennpunkte unserer Entwicklung" (Kast, 1998, S. 107). In ihnen fokussieren und konzentrieren sich wesentliche lebensgeschichtliche Erfahrungen. Und Theodor Seifert schreibt:

> Komplexe stellen Knotenpunkte psychischer Kraft und Struktur dar. In diesem Sinne sind sie einer Landkarte vergleichbar, die eine Orientierung ermöglicht. [...] Die Komplex-Karte ermöglicht im übertragenen Sinne eine Navigation.
> (Seifert, 1981, S. 285)

Gravitation der Komplexe

Man könnte in Analogie zu den astronomischen schwarzen Löchern die Komplexe als die schwarzen Löcher unserer Persönlichkeit bezeichnen.

Schwarze Löcher zeichnen sich durch eine enorme Masse und Dichte aus, und sie haben stärkste Auswirkungen auf das Geschehen in der Raumzeit bzw. sie bewirken die Raumzeitkrümmung. Elektromagnetische Wellen und Gravitationswellen werden abgelenkt und breiten sich nicht mehr geradlinig aus. Das heißt, wir können durch diese Ablenkung und Verzerrung überhaupt auf die Existenz der schwarzen Löcher schließen.

Ähnliches geschieht bei stark wirksamen psychischen Komplexen mit unserer Persönlichkeit. Der direkte Blick auf die Ursache der Komplexe ist uns verwehrt, da sie zum großen Teil unbewusst sind. Aber sie bewirken eine Veränderung und auch Verzerrung unserer Wahrnehmung, und wir sind uns nicht bewusst, wodurch dies geschieht. Ganz ähnlich, wie wir ja seit Einstein von einer Raumzeitkrümmung sprechen. Raum und Zeit lassen sich nicht mehr unabhängig voneinander betrachten und stehen, in Abhängigkeit von der wirksamen Masse, in gegenseitiger Wechselwirkung und Resonanz.

So ist es auch bei psychischen Komplexen. Unser Zeitempfinden, unsere Erinnerungsfähigkeit ist einerseits vorhanden, und andererseits wird das gegenwärtige Erleben beeinflusst, getrübt und subjektiv verzerrt. Die wirksame Masse unserer Komplexe bleibt erahnbar, aber ist nicht sichtbar. Dies wäre im analogen Sinn die Auswirkung der Gravitation unserer Komplexe.

Bei den astronomischen schwarzen Löchern spricht man von einem Ereignishorizont. Ab einer bestimmten Dichte und einer zu großen Nähe zum Zentrum kann nichts mehr (auch kein Licht) das schwarze Loch verlassen. Wir wissen nicht, was sich hinter diesem Ereignishorizont befindet.

Vergleichbar verhält es sich mit psychischen Komplexen. Komplexe sind sehr stark von – oft negativen – Erwartungshaltungen geprägt. Das wäre im analogen Sinn zur Physik die Auswirkung der unbewussten Komplexmasse. Die Erwartungen bilden unseren psychischen Ereignishorizont, in dessen Rahmen wir Voraussagen treffen. Was dahinter steckt, darüber können wir keine Aussage machen. Aber wir wissen um die Auswirkungen des Komplexes und um die Veränderungen, Verzerrungen, Trübungen unseres Bewusstseins durch die „psychische Raumzeitkrümmung".

Es ist nicht leicht, sich der gravitativen Kraft der Komplexe zu entziehen. Bei leichteren, alltäglichen Komplexen wie etwa einem Begabungskomplex mag das noch eher gelingen, denn bei geringerer „Komplexmasse und Komplexdichte" sind auch die Auswirkungen geringer. Deutlich schwieriger wird es bei umfänglicheren Komplexen, wie etwa einem Selbstwert- oder einem Neidkomplex. Da ziehen dann schon erhebliche psychische Gravitationskräfte an unseren komplexhaften Teilpersönlichkeiten. Eine Chance liegt gerade darin, dass wir erkennen, dass Komplexe Teilpersönlichkeiten entsprechen, wie es Jung genannt hat, und nicht unsere ganze Persönlichkeit von den Komplexen erfasst ist, sondern auch nicht komplexhafte Persönlichkeitsanteile gestärkt werden können.

In jedem Fall aber ist es lohnenswert, sich um die Rücknahme unserer komplexhaft verursachten Projektionen und Wahrnehmungsverzerrungen zu bemühen. Der Lohn ist eine Erweiterung unseres Bewusstseins, eine realitätsgerechtere Haltung und eine Vergrößerung von Selbstmächtigkeit und Selbstwirksamkeit. In der Sprache der Analytischen Psychologie geht es also um die Entwicklung zu mehr Ganzheit.

Es ist schon einiges gewonnen, wenn wir uns dieser Wahrnehmungsverzerrungen bewusst sind und die emotionalen Auswirkungen wie Ärger, Wut, Enttäuschungen, Ohnmacht und viele andere Gefühle einordnen können.

Hier kann eine weitere Analogie zur Kosmologie hilfreich sein: Demut und Bescheidenheit. Unser Wissen über kosmologische Zusammenhänge ist nämlich so beklagenswert lückenhaft, dass wir in großem Maße hypothetische Annahmen wie „dunkle Materie und dunkle Energie" brauchen, damit unser Weltmodell überhaupt einigermaßen funktioniert. Da steht uns eine kosmologische Bescheidenheit angesichts unseres Nichtwissens gut an. Und genau diese Bescheidenheit und Demut können wir auch gebrauchen, wenn wir dazu neigen, der psychischen Gravitation der Komplexe zu sehr nachzugeben und uns mit unseren komplexbedingten Überzeugungen und überstarken Meinungen zu stark identifizieren.

Literatur

Jung, C. G. (1934, 1976). *Allgemeines zur Komplextheorie,* GW 8. Olten.

Kast, V. (1998). *Abschied von der Opferrolle.* Freiburg.

Seifert T. (1981). *Lebensperspektiven der Psychologie.* Olten.

Singer, W. (2003). Das Gehirn – ein komplexes, sich selbst organisierendes System. In: Schiepek, G. (Hrsg.) (2003). *Neurobiologie der Psychotherapie.* Stuttgart.

Stern, D. (1992). *Die Lebenserfahrung des Säuglings.* Stuttgart.

Bernd Leibig
Facharzt für psychotherapeutische Medizin, Dozent, Lehr- und Kontrollanalytiker am C. G. Jung-Institut Stuttgart, Paartherapeut, Traumatherapeut, ehem. Vorsitzender des C. G. Jung-Instituts, Vorstandsmitglied der Deutschen Gesellschaft für Analytische Psychologie.

Komplexe in der Paarbeziehung

oder

Die „vier Jahreszeiten" der Paarbeziehung

Bernd und Margarete Leibig

Psychische Komplexe sind zunächst einmal Persönlichkeitsanteile, die in der eigenen Psyche ihr Wesen und Unwesen treiben. Spannend und interessant ist es, wenn in Paarbeziehungen zwei Psychen mit je eigener Komplexstruktur aufeinander treffen.

Paare kommen aus unterschiedlichen Familienkulturen, die eine eigene Geschichte und damit ihr eigenes Komplexgeschehen mitbringen. So treffen bei Paaren mindestens zwei, oft mehrere solcher stark gefühlsbetonter Komplexe aufeinander, weshalb es in Paarbeziehungen auch manchmal hoch hergeht.

Die Analytische Psychologie C. G. Jungs nimmt an, dass es ein unbewusstes Streben nach Ganzheit in unserer Seele gibt, das sich immer wieder gegen alle Widerstände durchsetzt. Das Erleben von Ganzheit gelingt der Psyche allerdings umso weniger, je mehr und je stärker Unvereintes, Konflikthaftes, Anstößiges, Unerledigtes und Ungelebtes, also in der Terminologie der Analytischen Psychologie „Schattenhaftes" im Unbewussten verharren muss.

Komplexe können sich schädlich, störend und krankhaft auswirken. Sie wollen auf sich aufmerksam machen. Komplexe müssen sich aber nicht nur störend auswirken. Es gibt auch viele positive Anteile von Komplexen. Bei einem Begabungskomplex geht es zum Beispiel darum, ob das Begabungspotenzial im Leben wirklich genutzt wird.

Es gibt in Paarbeziehungen unbewusste Beziehungsvereinbarungen. Jürg Willi, der Schweizer Paartherapeut, spricht von Paarkollusionen, denen die unbewusste Komplexstruktur beider Partner zugrunde liegt. Ein Mann stellt etwa unbewusst die Frage: Ich fühle mich in Kontakten so unsicher – gibst du mir Sicherheit? Die unbewusste Antwort der Frau darauf könnte lauten: Ich gebe dir gerne Sicherheit, weil ich mich dann gut und stark fühlen kann und weil ich darin sicher bin.

Eine wichtige Frage in Paarbeziehungen ist, wie lange solche unbewussten Muster hilfreich sind und wann sie von einem der beiden Partner aufgekündigt werden. Dies geschieht natürlich nicht durch Proklamation, sondern zeigt sich in – häufig krisenhaften – Veränderungen der Beziehungskonstellation. Das können Außenbeziehungen sein, aber auch, weniger dramatisch, Fortbildungsinteressen, die dem anderen nicht gefallen, neue Freundschaften, die nicht in das bisherige Paarsystem passen etc.

Nachfolgend soll dargestellt werden, welche Komplexe in Paarbeziehungen eine Rolle spielen und wie sie sich auswirken können. Wir möchten Sie beim Lesen auf eine Reise durch die vier Jahreszeiten einer Paarbeziehung unter Einbeziehung der Komplexe einladen. Nehmen Sie sich ein paar Minuten Zeit und tauchen Sie in die jeweiligen Phasen ein.

Beziehungsfrühling

Hören Sie aus Antonio Vivaldis *Die vier Jahreszeiten* das Allegro aus *Der Frühling*.

Imagination: Erinnern Sie sich an den Beginn einer intensiven Freundschaft oder ein Verliebtsein oder vielleicht an jemanden, von dem Sie ganz und gar begeistert waren. – Welche Bilder tauchen auf? Was fand ich attraktiv an dir? Wie hast du mein Herz erobert? Wie zeigte sich unsere Verliebtheit? Welche Zukunftsvisionen hatten wir? – Können Sie Ihre Bilder mit dem Frühling der Beziehung verbinden? Spüren Sie nach, welche Eigenschaften Sie diesem Gefühl geben: gesehen werden, erkannt werden, aufeinander zugehen, Sehnsucht, es möge nie aufhören?

Im Bann des Verliebtseins (detailblick-foto, Adobe 122608495)

Partners „riecht" förmlich, ob der andere geeignet ist, die eigenen unbewussten Wünsche zu erfüllen.

Es kann aber auch sein, dass eine Frau aus ihrem negativen Vaterkomplex heraus eine idealisierende Beziehung zu einem Mann entwickelt, in die Position der Geliebten eines Mannes gerät, auf diese Weise permanent leidet, aber den wirklichen Schmerz über die unerfüllte Beziehung zum eigenen Vater vermeidet. Abwertung im ersten und Idealisierung im zweiten Beispiel sind beides Abwehrmechanismen, um Gefühle der Verletzung und des Gekränktseins nicht zu spüren.

Komplexe stehen nicht allein in der Seelenlandschaft: Eine Frau mit einem negativen Vaterkomplex hat häufig im Hintergrund eine labile, schlechte Mutterbeziehung. Die starke innere Ausrichtung auf den Mann, auf den Vater, steht dann im Zusammenhang mit der ungenügenden Möglichkeit, sich mit der Mutter zu identifizieren. Ähnlich ist es beim Mann mit einem Mutterkomplex: Er orientiert sich stark am Weiblichen, weil ihm der eigene Vater zu wenig Möglichkeiten bot, sich mit dem Männlichen zu identifizieren.

Was geschieht, wenn das Mädchen einen positiven Vaterkomplex entwickelt? Es erlebt die Sehnsucht nach väterlicher Zuwendung und sucht als Frau bei ihrem Partner absolute Zuwendung, Zärtlichkeit und unendliches Kümmern. Ihre Wünsche müssen ihr von den Augen abgelesen werden; alles andere erscheint ihr als Verrat an der Beziehung. Kleine Trennungen werden schlecht ausgehalten; bereits das Zeitunglesen des Mannes kann zu viel sein. – Sie können sich vorstellen, wie beengt sich ein junger Mann angesichts von so vielen Wünschen fühlen muss. Er wird in die Knie oder in die Kneipe gehen, d. h. sein Heil in der Abgrenzung suchen oder krank werden. Oder das Paar sucht eine Paartherapie auf, was das Sinnvollste wäre.

Solche abgrenzenden Reaktionen finden statt, wenn der Mann nicht allzu muttergebunden ist. Ist dies aber der Fall, so steht der junge Mann unter einem positiven Mutter-

Gerade als junger Mensch steht man noch besonders unter dem Einfluss der Elternkomplexe, dem Vater- und dem Mutterkomplex. Wie diese Komplexe ausgeprägt sind, hängt von der persönlichen Biografie ab.

Musste ein junges Mädchen oder eine junge Frau in ihrem Aufwachsen ihren Vater entbehren, wird sich in ihr ein starker Wunsch nach einem zugewandten Mann (Vater) herausbilden, der sich um sie kümmert, der sie wahrnimmt, der sie in ihrem Inneren erkennt. Ein solches Mädchen wächst mit einem erheblichen Mangel an Väterlichem auf und trägt in sich ein unversorgtes inneres Kind. Es entwickelt sich ein Vaterkomplex.

Eine Frau mit einem negativen Vaterkomplex kann das Männliche erheblich abwerten. Unbewusst macht sie den Mann für ihre kindlichen Entbehrungen verantwortlich. Diese junge Frau, oder man könnte sagen: das Unbewusste dieser Frau, sucht nicht irgendeinen jungen Mann, sondern einen leidensfähigen jungen Mann, der es gewohnt ist, die weiblichen Ansprüche zu erfüllen, also einen Muttersohn.

Wir sehen an diesem Beispiel, dass die persönlichen Komplexe meistens in einer spezifischen Interaktion mit den Komplexen des Partners stehen. Das Unbewusste des einen

komplex, wird alles daransetzen, die Wünsche seiner Frau zu erfüllen, und dabei letztlich selbst auf der Strecke bleiben.

Der kürzlich verstorbene Hans Jellouschek hat dies in seiner Interpretation des Märchens *Vom Fischer und seiner Frau* schön dargestellt. In dem Märchen geht es darum, dass die Fischersfrau immer höhere Forderungen stellt: von der Hütte zum Palast, zum Wunsch, Papst zu sein, und schließlich: zu sein wie Gott – womit sie wieder im alten Elend landet. Und der Mann geht brav zum Fisch, der auch lange dafür sorgt, dass die Wünsche in Erfüllung gehen.

Und nur dem Fisch gegenüber klagt der Mann leise: „Ach, meine Frau, die Ilsebill, will nicht so, wie ich gern will."

Ein typischer Muttersohn: Nur leise und heimlich beklagt er sich beim Fisch. Aber das, was eigentlich nötig wäre, nämlich den Kreislauf von Wunscherfüllung und immer größeren Forderungen zu durchbrechen, das getraut er sich nicht.

Dieses Märchen ist ein Beispiel für einen negativen Ausgang, wenn sich zwei Komplexe treffen und in unguter Weise im Kreis drehen: hier der Vaterkomplex der Fischersfrau, da der Mutterkomplex des Mannes.

Es gibt natürlich andere Lösungsmöglichkeiten von Komplexkonstellationen. Ein Komplex weist meist auf unerfüllte Seiten in der Seele eines Menschen hin. Wenn ein Mann mit Entbehrungen im Bereich des Mütterlich-Weiblichen auf eine Frau trifft, die in der Lage ist, bergende und beschützende weibliche Seiten zu zeigen, ohne daraus eigenen narzisstischen Gewinn zu ziehen oder den Mann abwerten zu müssen, so kann es bei dem Mann zu einer Veränderung des Mutterkomplexes kommen. Er kann sich als Mann weiterentwickeln und die Frau sich in ihrer Weiblichkeit.

Dominiert bei Paaren das Muster einer Mutter-Sohn- oder Vater-Tochter-Beziehung, befindet sich jeweils ein Partner in der Position des Kindes, was natürlich nicht als stimmig erlebt wird, es handelt sich ja um einen Erwachsenen. Deshalb wird die Kind-Position bekämpft. Da es sich in aller Regel aber um nicht bewusste Prozesse handelt, findet der Kampf meist an der falschen Stelle statt. Streit, Rechthaberei, sich unverstanden Fühlen sind die Folge.

Hilfreich ist es für beide Partner, sich mit dem eigenen Geschlecht zu identifizieren. Wenn die Frau über andere Frauen Zugang zu einer stabileren Weiblichkeit findet und der Mann die Möglichkeit erfährt, sich neu in seiner Männlichkeit zu erleben, besteht eine reale Chance, solche Paarkonflikte langfristig und dauerhaft zu lösen.

Beziehungssommer
Hören Sie aus Vivaldis *Der Sommer* das Presto.

Imagination: Wie ging die Paarbeziehung weiter? Die erste Verliebtheit ist nun schon im Übergang. Konnte ich mich in unserer Beziehung beheimaten? Was ging in Erfüllung? Was blieb unerfüllt? Welche Stärken von dir konnte ich nutzen? Welche meiner Stärken konnte ich in die Beziehung einbringen? Was war und ist das Heilsame in unserer Beziehung in dieser Phase? Was war das Strahlende, Wärmende und Genussvolle in unserer Sommerzeit?

Der Beziehungssommer kann gekennzeichnet sein von erweiterter Liebe und Hoffnung.

Foto: Robert Kneschke (Adobe Stock 56969618)

Es ist die Zeit, in der Paare daran denken, zu heiraten und Kinder zu bekommen. Kinder sorgen in der Familie für eine grundlegend neue Struktur. War bisher die Dualität und Dyade tonangebend und bestimmend, so entsteht nun eine Triade, eine Dreiheit. Die Entwicklung der eigenen, neuen Familie bedeutet, dass Frau und Mann beginnen, innerlich Abschied von ihrer eigenen Herkunftsfamilie zu nehmen.

In dieser Phase wird der Trennungskomplex in besonderer Weise aktiviert. Trennung von den elterlichen Normen und Werten steht nun an. Was kann weiterhin Bestand haben? Was will neu werden? Das Paar muss eigene Wege finden, seinen Beziehungsalltag zu gestalten, unabhängig von dem über zwei Jahrzehnte von den Eltern vorgelebten Modell.

Trennungen haben damit zu tun, dass der bisherige Zustand, an den man meist lange gewöhnt ist, durch etwas Neues ersetzt wird. Das Paar und der Einzelne befinden sich in der Dynamik zwischen dem Wunsch, festzuhalten am Gewohnten, und dem Reiz und der Notwendigkeit des Neuen.

Das Neue ist aber ungewiss, macht uns unsicher, wir kennen uns eben noch nicht aus im Neuen, wissen nicht, welche Regeln jetzt für uns als Paar und junge Familie gelten. Trennungen stehen unserem Harmoniebedürfnis entgegen. Die hoffnungsvollen Fantasien des Paares sind harmonisch. Wie sehnsüchtig schwören sich Paare oft ewige Treue und ewiges Beisammenbleiben, aber wie bald schon stören Meinungsverschiedenheiten und Streit die Harmonie?

Der Trennungskomplex wirft uns also in die Spannung zwischen Harmoniebedürfnis und Unterschiedlichkeit. Denn bei allem Harmoniebedürfnis gilt eben auch, dass Fortschritte, ein Fortschreiten in der Geschichte, nur durch Trennungen möglich sind. Die Trennung ist das Salz in der Suppe. Sie bringt Dynamik, Spannung und produktive Unruhe in Systeme, die in zu großer Harmonie behäbig geworden sind.

So wie der Sommer nicht nur sonnig und strahlend ist, sondern auch regnerische und trübe Tage mit sich bringt, bereitet auch ein Baby nicht nur Freude. Enttäuschungen durch den Partner können etwas sehr Trennendes haben. Welche Enttäuschungen gibt es in der Sommer- und beginnenden Herbstzeit?

Entscheidend für die Entwicklung von Paarbeziehungen ist, wie mit Enttäuschungen umgegangen wird. Haben Paare es gelernt, Konflikte konstruktiv auszutragen, Wünsche und Bedürfnisse auszusprechen und zu verhandeln, dann kommen Entwicklungen in Gang. Es ist nicht möglich, Enttäuschungen zu vermeiden, aber es ist wesentlich, Bewältigungsstrategien zu finden. Eine Hilfe, dies

Foto: Halfpoint (Adobe Stock 74378868)

Foto: milanmarkovic78 (Adobe Stock 103343107)

zu lernen, kann Michael Lukas Moellers Buch über Zwiegespräche sein: *Die Wahrheit beginnt zu zweit*.

Ein anderer wirksamer Komplex in Paarbeziehungen ist der Sexualkomplex. Es können eine Fülle von Sexualkonflikten auftreten: Erektionsstörungen, Potenzstörungen, Frigidität oder verminderte sexuelle Erlebnisfähigkeit. Auch Fragen der Fruchtbarkeit und des Kinderwunsches gehören in diesen Bereich. Unterschiedliche Vorstellungen über die Bedürfnisse hinsichtlich Häufigkeit und Intensität der Sexualität treten oft auf.

Nach den Erfahrungen in unserer Praxis spielen Sexualkonflikte nach wie vor eine sehr große Rolle in Paarkonflikten. Denn innerpsychisch wurde von den Partnern oft noch kein wirklich freies Verhältnis zur Sexualität gefunden, vor allem fehlt das behutsame Ansprechen von Wünschen und Bedürfnissen.

Beim Sexualkomplex ist es in der Paartherapie besonders wichtig, nicht jegliche Störung als beziehungsbedingt zu interpretieren. So kann eine Erektionsstörung des Mannes schon vor der jetzigen Beziehung bestanden haben. Aber auch wenn die Erektionsstörung nur im Verhältnis zur Ehefrau auftritt, muss dies noch lange nicht deren „Schuld" sein. Es kann auch sein, dass der Mann aufgrund eines Autonomiekomplexes die Ehe als so

einschränkend erlebt, dass die Sexualstörung nur in dieser Beziehung auftritt. Dann liegt der Schwerpunkt der Aufgabe natürlich beim Mann, sich mit seinen Gefühlen der Einengung auseinander zu setzen.

Beziehungsherbst
Hören Sie aus Vivaldis *Der Herbst* das Allegro (La caccia).

Imagination: Gehen Sie den Fragen nach: Was ist in unserer Beziehung gereift? Was ist uns miteinander gut gelungen? Wo und wodurch habe ich als Frau oder Mann unsere Beziehung behindert? Haben wir uns vielleicht in Machtkonflikte verwickelt? Welcher emotionale Mangel steckt bei mir dahinter? An welchen Stellen spüre ich in unserer Beziehung Raum für meine Reifung und die meiner Partnerin oder meines Partners? Wo kann noch etwas weitergehen?

Bei zunehmender Unzufriedenheit in der Beziehung eignet sich die Sexualität hervorragend, einen weiteren Komplex, den Machtkomplex, ins Spiel zu bringen. Denn die Verweigerung von Sexualität wird bewusst oder unbewusst oft dazu eingesetzt, Rache zu üben für anderweitig nicht erfüllte Beziehungssehnsüchte und nicht geklärte Beziehungsprobleme.

Machtbegehren, Machtausübung und das Streben nach Machterhalt sind von unseren biologischen Ursprüngen bis in die Neuzeit wesentlicher Bestandteil der Menschheits- wie der Individualgeschichte. Machtausübung verträgt sich aber nicht mit Liebe, denn über einem Machtgerangel können die Bezogenheit aufeinander und die Beziehung zueinander verloren gehen. Deshalb kann ein stark wirksamer Machtkomplex in Beziehungen sehr störend oder zerstörend wirken.

Nach tiefenpsychologischer Auffassung wird der archetypische Wunsch nach Machtausübung in der frühen Kindheit entscheidend überformt. Wenn der Säugling in seinen Bedürfnissen nach Sättigung, nach Resonanz (z. B. einem Lächeln), nach emotionaler Zuwendung nicht genügend gespiegelt wird – wir sprechen hier vom Effektanzerleben –, kann sich ein übermäßiges Bemächtigungsbedürfnis entwickeln. Das Erleben von Effektanz bedeutet für das Kleinkind die Bestätigung, etwas bewirken zu können, dass die Mutter eben zurücklächelt, wenn das Baby lächelt. Gelingt es nicht, die Resonanz der Mutter zu erreichen, so wird das Kind versuchen, seine Signale zu verstärken und die Situation zu kontrollieren.

Ein frustriertes Effektanzgefühl kann in Paarbeziehungen zu destruktiven, sich im Kreis drehenden Auseinandersetzungen führen, denn es geht gar nicht darum, wer die Wäsche wäscht, einkaufen geht oder das Bier aus dem Keller holt, sondern darum – wenn der Machtkomplex regiert –, wer dies bestimmt.

Helfen kann nur, dass beide sich entscheiden, es anders zu machen und eine freundliche Beziehungskultur installieren. Dazu gehören kleine Aufmerksamkeiten wie Blumen, ein Lächeln, sich zu bedanken und sich im Alltag an die Achtsamkeit erinnern, die meistens im beruflichen Kontext ganz selbstverständlich ist.

Der Herbst ist die Zeit der Reife und der Ernte. Insofern können die eben erwähnten Komplexe, wenn sie reflektiert sind, auch positive Auswirkungen haben. C. G. Jung benutzt für diese Zeit den Begriff „Kulturzweck" in Abgrenzung zum „Naturzweck" der ersten Lebensphase. Es müssen keine beruflichen oder privaten Positionen mehr angestrebt und ergattert werden. Die Paare haben sich nun meist gefunden und oft gut arrangiert, so dass in ruhigerem Fahrwasser die Ernte der Paarbeziehung eingefahren werden kann. Denken Sie an die gemeinsame Freude über berufliche Entwicklungen oder die Entwicklung der Kinder oder Enkel.

Die geläuterte Seite des Machtkomplexes ermöglicht es, von sich selbst abzusehen und sich für und mit den Erfolgen des anderen zu freuen. Oder denken Sie daran, wie berührt wir manchmal sind, wenn wir ältere Paare sehen, die in guter Bezogenheit und Rücksichtnahme zeigen, dass der Partner bei ihnen etwas bewirkt.

Beziehungswinter
Hören Sie das Largo des Winters aus Vivaldis *Jahrszeiten*.

Imagination: Welche winterlichen Zustände von Eiseskälte und Verhärtung erinnere ich in unserer Beziehung? An welcher Stelle oder welchen Stellen habe ich mich in frostigen Rückzug begeben? Gibt es Situationen in unserer Beziehung, von denen ich sagen kann: Da habe ich meine Autonomie übertrieben? Und kann ich um Verzeihung bitten? Kann ich vergeben? Kann und darf in unserer Beziehung etwas auftauen? Kann ich das Symbol des göttlichen Kindes als Symbol der Erneuerung für unsere Beziehung wirksam werden lassen?

Wenn es gut geht, gelingt es den Paaren, aus eigener Anstrengung oder mit professioneller Unterstützung aus komplexbeladenen Krisensituationen wieder herauszufinden. Gelingt dies nicht, verfestigen sich die Komplexe und es kann zu einer Verstärkung der pathogenen Muster kommen. Wir befinden uns dann im Beziehungswinter.

Dieser ist gekennzeichnet von Gefühlskälte, Beziehungsstarre, fehlender Einfühlsamkeit, oftmals Feindseligkeit, fehlendem Austausch, keinem offenen Ohr für die Anliegen, Bedürfnisse und Interessen des Partners. Man will vom anderen nichts mehr wissen und schließt ihn weitgehend vom eigenen Leben aus, ist heimlich oder unheimlich froh, wenn er oder sie weg ist.

In solch winterlichen Beziehungssituationen sind die oben beschriebenen Komplexe besonders ausgeprägt. Natürlich wirkt hier der

komplexe

Machtkomplex in aller Deutlichkeit. Kein Jota will man mehr von seiner eigenen Meinung abweichen. Keinen Schritt will man zu viel tun für den anderen. Soll er oder sie doch allein zurechtkommen.

Und dieses „Allein-Zurechtkommen" reklamiert man auch für sich selbst. Dies ist die Zeit des Autonomiekomplexes. Den Autonomiekomplex können wir verstehen als die unbedingte psychische Notwendigkeit, über sich selbst zu bestimmen. Niemand sonst darf Macht, Einfluss oder auch nur Mitgefühl für einen entwickeln. Denn Menschen mit starkem Autonomiekomplex erleben manchmal schon Anteilnahme als Einschränkung ihrer freien Entfaltung. Autonomie in der übersteigerten Form bedeutet höchste und absolute Freiheit.

Ein Beispiel für einen kollektiven Autonomiekomplex ist der Autofahrerwahn nach absoluter und unbeschränkter Autobahnraserei im Sinne der „freien Fahrt für freie Bürger". Einschränkungen können nicht geduldet werden, denn sie führen im Empfinden der Menschen mit übermäßigem Autonomiekomplex zu Abhängigkeit. Und Abhängig-

keit ist das Schlimmste, was ihnen passieren kann.

Wie im Kollektiven, so verhält es sich auch in der persönlichen Beziehung. Im Beziehungswinter sucht man meist gar keine Beziehung und Verbindung mehr. Stattdessen hat einen das Trennende, der Trennungskomplex, meist verbunden mit dem Autonomiekomplex, fest im Griff.

Mitunter ist es dann ein Segen, wenn ein Paar miteinander weinen kann über das Leid, das es einander zugefügt hat.

Im Beziehungswinter spielt auch der Neid- und Rivalitätskomplex eine große Rolle. Dieser Komplex ist eng mit dem Geschwisterkomplex verbunden. Aus der Erfahrung mit eigenen Geschwistern oder aus Beobachtungen in anderen Familien werden Sie wissen, wie wirksam Rivalität unter Geschwistern sein kann; wie der Neid, wenn der Bruder oder die Schwester scheinbar bevorzugt wurden, einen fast aus der Haut fahren lässt und finstere Rachegefühle hervorbringt.

In zugespitzten Beziehungssituationen wie im Beziehungswinter werden oft diese uralten

Foto: Photographee.eu (Adobe Stock 310944954)

Komplexe aktiviert, die uns nicht ruhen lassen, den Schlaf rauben, die uns aber – und dies ist ihre positiver Seite – auch motiviert zu tieferen Erforschungen und zu kreativen Neuorientierungen. Vielleicht gäbe es z. B. ohne den Rivalitätskomplex keine Wissenschaft. Dem Geschwisterkomplex liegt die alte Frage zugrunde: Werde ich genauso gemocht wie der andere? Werde ich ebenso beachtet und wertgeschätzt wie mein Bruder oder meine Schwester? Insofern besteht beim Neid- und Rivalitätskomplex eine Nähe zum Selbstwertkomplex, der ja ähnliche Fragen stellt.

Besonders aktiviert wird der Rivalitätskomplex, wenn Außenbeziehungen eine Rolle spielen. Der Konkurrent oder die Konkurrentin lösen ein tief verwurzeltes Muster der Rivalität aus. Wer ist der Bessere, wer ist die Attraktivere? Das sind die dann dringlichen Fragen, die aus dem Rivalitätskomplex auftauchen. Auch hier ist oft der oder die störende Dritte Anlass für eine Belebung eines zu behäbigen Beziehungssystems. Wenn es dem Paar gelingt, das Aufrüttelnde richtig zu verstehen und zu fragen, was bisher in der Paarbeziehung zu kurz gekommen ist, so kann es einen wirklich gelingenden Neuanfang geben.

Der Beziehungswinter kann aber auch seine positiven Seiten haben. Im Winter sind die Emotionen und Affekte abgekühlt. Es wird nicht mehr alles so überschäumend erlebt und wichtig genommen. Es wird nicht mehr alles Spitz auf Knopf diskutiert. Eine gewisse Großzügigkeit, Toleranz und neue Wertschätzung sind möglich. Das Leben und die Beziehungsangelegenheiten können vielleicht mehr vom Ende, vom Tod her betrachtet werden. Wenn der Tod als die letzte Grenze und als Bedingung des Lebens gesehen wird, so bietet der Winter mit seiner Nähe zum Tod nochmals die Chance, die Schönheit des Lebens und der Paarbeziehung ganz einzuatmen.

Der Winter hat seinen besonderen Reiz und eine besondere Schönheit. Der Schnee schillert und glänzt und dämpft gleichzeitig die allzu lauten Töne. Der Winter ist die Zeit der ruhigeren und nachdenklicheren Gangart. Er ermöglicht dadurch in der Kontemplation des Alters nochmals oder vielleicht auch erstmals, zur Essenz des Lebens, zum Wesentlichen vorzudringen. Er lässt Raum zum geistigen Reifen und Wachsen.

Der Winter ist die Zeit der Stille und des Weihnachtsfestes mit dem Symbol des „Göttlichen Kindes", das uns Neues und die Erneuerung erahnen lässt. Gerade im Beziehungswinter ist es nötig, die gewachsene Individualität des Partners anzuerkennen, die über Jahre gereift und zur Identität geworden ist. Damit könnte eine Individuation im Alter erfolgen, die zu einem Gefühl der Erfüllung beiträgt.

Und der späte Winter lässt schon wieder den Frühling ahnen. Damit stellt sich in Paarbeziehungen die Frage nach dem, was auftauen kann und soll, welche neuen Beziehungsqualitäten angestrebt werden möchten. Es kann schon erahnt werden, was Neues sprießen soll, so wie die Vögel schon zwitschern, obwohl noch Schnee liegt.

Lösungen

Paarkomplexe verlaufen nach dem Prinzip der Kollusion, das heißt des Zusammenspiels und der Zusammenarbeit. Der Komplex des Mannes passt zum Komplex der Frau wie der Schlüssel ins Schloss und umgekehrt. Dies kann durchaus heilsam sein, wenn sich z. B. der Minderwertigkeitskomplex einer Frau sozusagen einmal an der Schulter eines positiven Vaterkomplexes ausruht.

Häufiger sind leider die negativen Auswirkungen von Komplexverquickungen, denn oft führt das Ausleben der Komplexe zu einer Verschiebung im dynamischen Gleichgewicht der Paare. Das heißt, die Ebenbürtigkeit, die Begegnung auf der gleichen Ebene ist gestört.

Welche Entwicklungen können die persönlichen Komplexe, die sich in der Paarbeziehung zusammengefunden haben, nehmen? Zum einen können sich Komplexe auswachsen, so wie sich kindliche Verhaltensweisen in der Jugendzeit auswachsen. Sie haben dann im Erwachsenenleben nur noch einen schwachen Nachklang. Zum anderen kann ein Komplex nachreifen und in einer Paarbeziehung geheilt werden, so dass nur noch geringe Reste, wie bei einer gut vernarbten Wunde, übrig bleiben.

Wenn dies nicht ohne weiteres geschieht, können die erwähnten Paargespräche eine gute Chance bieten, den bisher unbewussten Komplexen auf die Spur zu kommen. Wenn die persönlichen Komplexe bekannt, benannt und mitgefühlt sind, gibt es Hoffnung, dass ihre Wirksamkeit nicht mehr so stark ist.

Wenn dies nicht genügt, wird man davon ausgehen, dass die Wirksamkeit der Komplexe stärkerer Natur ist und professionelle therapeutische Hilfe angezeigt ist. In der Paartherapie geht es um die gemeinsame Aus-einandersetzung mit den wirksamen Komplexen. Dabei ist es wichtig, Verständnis und vor allem Mitgefühl für die Komplexfelder des anderen zu erreichen. Wenn es gelingt, zumindest Ansätze eines Mitfühlens mit dem anderen, für das Erkennen des verletzten inneren Kindes des anderen zu erreichen, so hat die Paarbeziehung eine Chance zum Neubeginn. Wenn es gelingt, auf einer tieferen Ebene zu verstehen, welche Komplexe ein Paar in die Krise geführt haben, dann können neue Zukunftsfantasien entstehen, dann können auch winterlich frierende Beziehungen sich am Ofen wärmen, und es kann sich ein neuer Frühling entwickeln.

Literatur

Jellouschek, H. (1996). *Vom Fischer und seiner Frau.* Stuttgart.

Moeller, M.-L. (1988). *Die Wahrheit beginnt zu zweit. Das Paar im Gespräch.* Reinbek.

Willi, J. (2004). *Psychologie der Liebe – Persönliche Entwicklung durch Partnerbeziehung.* Reinbek.

Margarete Leibig
Dipl.-Soz.päd., Kinder- und Jugendlichenpsychotherapeutin, Paartherapeutin, Psychodramatherapeutin, Dozentin und Supervisorin am C. G. Jung-Institut Stuttgart, ehem. Vorstandsmitglied des C. G. Jung-Instituts, der Deutschen Gesellschaft für Analytische Psychologie und aktuell Vorstandsmitglied der Internationalen Gesellschaft für Tiefenpsychologie. Mitherausgeberin des Jung-Journals.

Bernd Leibig
Facharzt für psychotherapeutische Medizin, Dozent, Lehr- und Kontrollanalytiker am C. G. Jung-Institut Stuttgart, Paartherapeut, Traumatherapeut, niedergelassen in eigener Praxis in Ammerbuch-Entringen, ehem. Vorsitzender des C. G. Jung-Instituts, Vorstandsmitglied der Deutschen Gesellschaft für Analytische Psychologie. Mitherausgeber des Jung-Journals.

komplexe

Der universale Ödipuskomplex

Sigmund Freud komme das Verdienst zu – so C. G. Jung – einen der ersten Archetypen der Tiefenpsychologie entdeckt und beschrieben zu haben: den ÖdipusKomplex. Die anthropologische Forschung bestätigt, dass dieser tatsächlich in vielen Völkern und Kulturen zu finden ist.

Es gibt verschiedene Versionen des Mythos. In einer wird erzählt, dass Ödipus unwissentlich seinen eigenen Vater Laios tötet, das Rätsel der Sphinx löst, König von Theben wird, also die Stelle seines Vaters einnimmt, und seine eigene Mutter Iocaste heiratet. Als die Zusammenhänge erkannt werden, bringt sich seine Mutter um, er sticht sich die Augen aus und geht mit seiner Tochter Antigone ins Exil.

Freud entwickelte die Theorie, dass die unbewusste und ungeklärte Liebesbeziehung und kindliche Bindung des Kindes zu Mutter

Gustave Moreau, Ödipus und die Sphinx (Ausschnitt), Metropolitan Museum of Art, New York 1864

und Vater und die Rivalität um den gegengeschlechtlichen Elternteil die Ursache vieler psychischer Symptome und Entwicklungsstörungen sei und dass sich die diese Mutter-Vater-Eltern-Kind-(auch Geschwister-)Dynamik in späteren Beziehungskonstellationen oft unbewusst wiederhole.

Diese Konflikte bei sich emotional und rational zu verstehen und auf reifer Ebene zu überwinden, sei eines der wesentlichen Ziele der psychoanalytischen Therapie.

Mit dem Ödipuskomplex sind eine Reihe anderer „klassischer" Komplexe verbunden: Mutterkomplex, Vaterkomplex, Inzestkomplex, Bindungs- und Trennungskomplexe, Autonomie- und Abhängigkeitskomplexe, Rivalitätskomplex, „Penis-Neid", „Vagina-Dendata-Angst", Kastrationsangst, Minderwertigkeits- und Ohnmachtsgefühle und noch viele weitere Dynamiken.

Der blinde Ödipus und seine Tochter Antigone.
Aleksander Kokular, 1828,
National Museum, Warschau

Rivalität im Beruf – zwischen Angst, Lust am Wettbewerb und Destruktivität

Joachim W. Weimer

Foto: pathdoc (Adobe Stock 165955057)

Herr A., Mitte 30, ein kreativer Kopf mit hervorragenden IT-Kenntnissen hat mit einer innovativen Idee im Umweltschutz erfolgreich ein Start-up aufgebaut. Die Gelder der Investoren flogen ihm am Anfang nur so zu. Doch nun wollen diese allmählich materiell messbare Erfolge sehen. Denn die Konkurrenz schlief nicht und brachte bereits ein ähnliches Produkt auf den Markt, wenn auch noch nicht ganz ausgereift. Nur: Das vergleichbare Produkt von Herrn A.s Firma steckt leider noch in der Entwicklung. Bisher fühlte sich Herr A. wohl in seinem kleinen Unternehmen mit 15 Mitarbeitenden, auch wenn ihn lange Investoren- und Mitarbeiterkonferenzen ermüdeten.

Im Lauf eines Coachings stellt sich heraus, dass diese oft ewig dauern, da Herr A. große Scheu vor Konflikten hat und davor zurück-schreckt, seine Funktion als Geschäftsführer wahrzunehmen. Bei Rivalitäten duckt er sich weg, eine Entscheidung fällen zu müssen bereitet ihm schlaflose Nächte und weitere nicht enden wollende Diskussionen.

Ganz anders Frau B.: Sie, Mitte 40, hat sich erfolgreich in einem Dienstleistungsunternehmen hochgearbeitet und leitete bis vor kurzem den Kundenservicebereich mit mehr als 100 Mitarbeitern. Doch seitdem ein neuer Geschäftsführer kam, für dessen Job sie sich ebenfalls beworben hatte, herrscht „dicke Luft".

Im Coaching stellt sich heraus, dass die Situation inzwischen so verfahren ist, dass es nur noch darum gehen kann, nicht karrier-eschädigend mit einer angemessenen Abfindung das Unternehmen zu verlassen.

Kain und Abel im Büro?

Was eint diese beiden Coachingprozesse? In beiden geht es in unterschiedlichen Facetten um den Rivalitätskomplex. Wikipedia definiert Rivalität als konkurrierende Gegnerschaft, Buhlerei, Wettkampf, Wettstreit oder schlicht unvereinbare Interessen. Seinen Ursprung hat dieser Begriff im Lateinischen, wo „rivalis" als der Nebenbuhler oder ursprünglich zum „gleichen Bach gehörig" bezeichnet wird. Es geht also um die römischen Gesetze, wer das Recht hat, Wasser aus dem Bach zu nehmen, ursprünglich also um Rivalen am gleichen Wasser (vgl. Kuptz-Klimpel, 2008).

Rivalität in ihrer ursprünglichsten Form kennen wir aus der Geschwisterbeziehung, wo Eifersucht, Neid und Rivalität ihren Ursprung nehmen; zunächst ist es der Kampf um die Aufmerksamkeit und Liebe der Eltern, im weiteren dann auch um Materielles.

Später im Ödipuskomplex entwickelt sich die Rivalität um den gegen- oder auch gleichgeschlechtlichen Elternteil weiter. Christiane Lutz meint hierzu, es gehe in der Rivalität „um die Erfahrung des Nebeneinander, des anderen, der neben mir ist, mit dem ich mich auseinandersetzen muss" (Lutz, 1982). Doch, um sich mit einem Du auseinandersetzen zu können, bedarf es erst einmal eines Ichs, das sich selbst bewusst ist.

Ursula Eschenbach (1996) sieht den Ursprung des Rivalitätskomplexes im ersten und zentralen Trennungskomplex, der sich entwickelte, als sich das Bewusstsein aus dem uroborischen Ur-Einssein (vgl. Neumann, 1984) löste. Damit war der Mensch aus dem Unbewussten gefallen, Ich und Selbst waren nicht mehr identisch (vgl. auch Neumann, 1963). Jetzt entstand neben dem Schuld- und Angstkomplex der Rivalitäts- und Begabungskomplex.

Sowohl die phylogenetische wie auch die ontogenetische Ich-Entwicklung haben also einen Preis: Ein Ich kann schuldig werden durch sein Handeln, es bekommt Angst, da es nicht mehr in der „unschuldigen Ureinheit" geborgen ist – und es ist dazu aufgefordert, seine individuellen Begabungen, seine Fähigkeiten und seine Ressourcen zu entwickeln und diese in die Welt zu bringen. Gleichzeitig führt dies, wie schon bei Kain und Abel, zu Rivalität, wenn der andere - symbolisch gesprochen – am gleichen Bach Wasser schöpfen will wie ich.

Konkurrenz belebt das Geschäft?

Betrachten wir Rivalität zunächst aus dieser Perspektive, so kann sie konstruktiv der Entfaltung unseres Ichs, unserer Begabungen und Fähigkeiten dienen und diese teilweise auch differenzieren und vermehren, denn „Konkurrenz belebt das Geschäft", auch das psychische, und belebt unsere psychische Aktivität. Eine Weiterentwicklung wäre ganz ohne Rivalität kaum vorstellbar.

So betrachtet dies auch die Objektbeziehungstheorie (vgl. Jacobson, 1973), die Neid und Rivalität mit den Geschwistern als wachstumsfördernd zur Auseinandersetzung und zur Selbstwerdung betrachtet und die darin enthaltene Aggression zur Abgrenzung und Selbstbehauptung notwendig empfindet. In Therapien erleben wir häufig, wie psychische Entwicklung stagniert, wenn die autonomie- und wachstumsfördernde Aggression zur Auseinandersetzung mit sich und der Umwelt fehlt.

Rivalität ist auch aktiv, sie verlangt Bemühung, ganz im Gegensatz zu Neid und Eifersucht, wo wir passiv bleiben (können). Schauen wir uns die beiden Coaches an: Herr A., behütet und sicher aufgewachsen, konnte zunächst in Ruhe seine Begabungen entwickeln: Seine intellektuellen, aber auch seine intuitiven Fähigkeiten brachte er in seiner IT-Begeisterung ein. Daneben war er eloquent und konnte mit seinem Charme des „Puer aeternus" („der ewige Jüngling") viele überzeugen.

Sein Rivalitätskomplex jedoch war negativ, er traute sich nicht, mit anderen zu konkurrieren. Vielmehr sollten alle ihn mögen. Unbewusst spürte er, dass er zu schwach war sich durchzusetzen und für seine Begabungen auch einzustehen, wenn dies erzwang, sich zu positionieren. Zu groß war die Befürchtung, dann nicht mehr „everybody's darling" zu sein.

Ganz anders Frau B.: Sie war schon früh in der elterlichen Gastronomie gefordert. Mütterliche Zuwendung musste sich wegen Zeitmangels hart erkauft werden. Zudem wollten auch zwei Brüder noch ihren Anteil. So lernte Frau B. zwar einerseits, dass sie flott und geschickt im Umgang mit den Gästen war und begriff auch in der Schule schnell, dass sie intelligent war. Doch gleichzeitig hatte sie früh gelernt, dass sie mit den Brüdern kämpfen und rivalisieren musste, wollte sie auch ein Stück vom

Kuchen abbekommen, das mindestens genau so groß wie das der anderen war.

Sowohl ihre Begabung wie ihr positiver Rivalitätskomplex brachten sie beruflich stetig auf der Karriereleiter nach oben und dies kompensierte auch lange, dass sie als Kind zu wenig Liebe und Zuwendung erhalten hatte. Doch nun drohte ihr Rivalitätskomplex, sie blind zu machen: Wieder einmal drohte ihr sozusagen ein Bruder, die Butter vom Brot zu nehmen. Sie wollte nicht wie zuweilen früher unterlegen sein und drohte sich zu verkämpfen.

Im Coaching konnte sie für sich herausarbeiten, dass sie die Kränkung, sich unterordnen zu müssen, aus ihrer Lebensgeschichte heraus nicht verkraften konnte und wollte. Lieber stellte sie sich in diesem Unternehmen einem letzten, diesmal bewussten Kampf: Sie verhandelte eine so hohe Abfindungssumme, dass sie sich selbstständig machen konnte ohne große finanzielle Ängste. Und nun rivalisiert sie im Markt mit großer Freude und Erfolg um Aufträge für ihr Ein-Frau-Unternehmen.

Wille zur Macht?

Betrachtet man beide Beispiele, so zeigt sich, dass eine gesunde Balance, sowohl seine Begabungen zu entfalten wie diese eben auch gegebenenfalls rivalisierend in die Welt zu bringen, notwendig ist. Doch gelingt dieses Gleichgewicht nicht und kommt dazu noch ein zu ausgeprägter Machtkomplex, so kann dies auch destruktiv werden.

C. G. Jung verband den Willen zur Macht mit dem Heros-Prinzip des Helden. Er definierte den Machtkomplex als

> [...] den gesamten Komplex aller jener Vorstellungen und Strebungen, welche die Tendenzen haben, das Ich über andere Einflüsse zu stellen und diese dem Ich unterzuordnen, mögen diese Verhältnisse von Menschen und Verhältnissen stammen, oder mögen sie von eigenen, subjektiven Trieben, Gefühlen und Gedanken herkommen.
> (Jung, GW 6, § 851)

So braucht der Held zwar einerseits Macht, um sich durchsetzen zu können. Doch andererseits droht ein hypertropher Machtkomplex, der rein aus dem Ich gesteuert und nicht flankiert von den Bedürfnissen des Selbst und des Unbewussten gespeist, gefährlich zu werden. Denn wo reine Macht herrscht, haben menschliche Bezogenheit und Eros keine Luft, keinen Platz.

Als Beispiel hierfür sehe ich Herrn C. Herr C. war schon über 75, doch noch immer wollte er die Führung in seinem mittelständischen Unternehmen nicht an einen Nachfolger abgeben. Dass er dringend notwendige Modernisierungen nicht zuließ und damit mittelfristig das Überleben des Unternehmens gefährdete, realisierte er nicht. Sein Sohn, inzwischen 40, hatte sich schon lang in das Unternehmen eingearbeitet und war proforma auch

Foto: Nicky Rhodes (Adobe stock 36997249)

komplexe

Geschäftsführer, doch täglich kam „der Alte" noch ins Büro und torpedierte die Entscheidungen seines Sohnes. Beide blieben sie destruktiv im Ödipuskomplex stecken: Der Sohn wagte nicht, dem Vater klarzumachen, dass er abdanken und ihm das Zepter überlassen musste, oder die Konsequenzen zu ziehen, um selbst „nach einem neuen Königreich zu suchen". Der Vater vermochte nicht zum Großvater zu werden und zu sehen, dass die Zeiten, auf Heldenreise zu gehen, vorbei waren. Diese seinem Alter völlig unangemessene Rivalität und sein ihm nicht genügend bewusster Machtkomplex hätten beinahe sein Lebenswerk, die Firma, ruiniert.

Diese Entwicklung treffen wir leider gesamtgesellschaftlich häufig: Ein blindwütiger Turbo-Kapitalismus vergöttert unkritisch Macht und Rivalität und erzeugt mitleidslos permanent Verlierer. Auf der anderen Seite stoßen wir auf immer mehr Menschen, die es scheuen, ihre Begabungen zu entwickeln oder dies nicht vermögen. Sie bleiben im Ich-Rückzug oder der passiven Zerstreuung stecken.

Lustvoll konkurrieren?

Lassen Sie uns zum Schluss noch Frau D. betrachten, der die Synthese und produktive Zusammenarbeit von Rivalitäts- und Begabungs- und Machtkomplex mit zunehmender Freude gelingt: Sie, Ende 30, angesehene Forscherin im Bereich fortschreitender Hirnerkrankungen, hatte erfolgreich promoviert und wollte nun habilitieren. Fachlich hoch anerkannt konnte sie immer wieder spannende Forschungsprojekte, verbunden mit entsprechenden Forschungsgeldern, für ihr Institut gewinnen.

Gleichwohl hatte sie den Eindruck, dass die sie umgebenden Professoren und andere Kollegen sie regelmäßig mehr oder weniger subtil klein zu halten versuchten. So hatte sie mit ihrer Forschungsabteilung im Vergleich zu den anderen kaum Platz und bekam im Gegensatz zu den anderen kein eigenes Zimmer. Komplexe Forschungsanträge stellte sie schon längere Zeit in ihrer Freizeit von zuhause aus, da sie im Büro weder genug Platz noch die notwendige Konzentration hatte. Bitten um eine bessere Ausstattung und Infrastruktur wurden unter fadenscheinigen Gründen niedergeschmettert. Frau C. litt unter diesem Zustand, wie sie unter ihrem alkoholkranken Vater gelitten hatte, mit dem

sie zugleich großes Mitleid gehabt hatte. Erst als sie sich ihre eigenen Erfolge bewusst vor Augen führte und sehen konnte, dass die Kollegen mit durchaus unlauteren Mitteln gegen sie rivalisierten, obwohl sie ihr fachlich unterlegen waren, nahm sie Abschied von ihrem Bild, dass Männer „arme Kerle" sind. Gleichzeitig verabschiedete sie sich unter großer Trauer von der Illusion, ihr Vater bzw. dafür stellvertretend ihre Vorgesetzten und Kollegen würden irgendwann sie und Ihre Qualitäten schätzen, sie loben und liebevoll wahrnehmen.

Mit zunehmender Freude lernte sie, lustvoll zu konkurrieren und sich in die politischen Spiele der universitären Forschung einzulassen. Mit Erstaunen stellte sie fest, dass sie viel mehr respektiert wurde, als sie sich einen Unterstützerkreis aufbaute und Kollegen freundlich mitteilte, dass sie wohl „von ihren Emotionen hinweggetragen" würden, wenn diese sie unsachlich kritisierten. Dies hatte man ihr zuvor immer vorgeworfen, und es hatte sie verletzt und sprachlos hinterlassen. Das Blatt hatte sich gewendet, es war viel mehr sachliche Auseinandersetzung um die Ressourcen und um fachliche Standpunkte möglich geworden.

Literatur

Eschenbach, U. (1996). *Der Ich-Komplex und sein Arbeitsteam*. Leinfelden-Echterdingen.

Jacobson, E. (1998). *Das Selbst und die Welt der Objekte*. Frankfurt.

Jung, C. G. (1978). *Psychologische Typen*. GW 6. Olten.

Kuptz-Klimpel, A (2008). Rivalität. In: Müller, L., Müller, A. *Wörterbuch der analytischen Psychologie*. Düsseldorf.

Lutz, C. (1982). Eifersucht und Rivalität in der Familie. In: Pflüger, Peter M. (Hg.), *Neid, Eifersucht und Rivalität. Vom konstruktiven Umgang mit dem Bösen*. Fellbach.

Neumann, E. (1963). *Das Kind*. Zürich.

Neumann, E. (1984). *Ursprungsgeschichte des Bewusstseins*. Frankfurt.

Joachim W. Weimer
Dipl.-Psychologe, Analytischer Psychotherapeut und Certified Coach (FCG) in freier Praxis Vorstandsmitglied, Dozent, Lehranalytiker und Supervisor am C. G. Jung-Institut Stuttgart; Lehrbeauftragter für Klinische Psychologie an der Hochschule für Technik, Stuttgart.

Pan lebt in unseren Angstkomplexen

Susanne Gabriel

*Pan rufe ich, den Starken, den Weider,
des Kosmos Allheit
Der da ist Himmel, Meer,
allherrschende Erde
Und unsterbliches Feuer;
denn Elemente sind die Glieder Pans.
Komm, Herrlicher, Tänzer, Schweifer,
Kultgenoß der Horen,
Geißhirt, Bacchier, Gottbegeisterter,
Höhlenbewohner,
Die Harmonie des Alls tönst Du mit
kunstvoller Weise,
Der Einbildungen Helfer, schauervolle
Allmacht, Schreckenerreger den
Sterblichen,
Der Ziegenhirten Gefährte an der
Quelle und der Rinderhirten
Scharfspähender Jäger, der Echo
Geliebter, Mittänzer der Nymphen,
Dem All entsprossen, Allerzeuger,
vielnamiger Gott.
(Die elfte orphische Hymne auf Pan)*

Pan lebt in unseren Angstkomplexen

Mythen spielen in der Psychotherapie seit Entstehung der Psychoanalyse eine große Rolle. In der Analytischen Psychologie C. G. Jungs werden die mythologischen Erzählungen als Erscheinungsformen archetypischer Wirkkräfte begriffen, die allgemeine transpersonale, psychische Strukturen deutlich werden lassen und in allen Lebensbereichen wirken. Diese archetypischen Kräfte aus dem kollektiven Unbewussten sind anordnende Instanzen in uns mit der Fähigkeit, in sinnvoller Weise Bilder und Symbole hervorzubringen und unserem Bewusstsein zugänglich zu machen. Sie motivieren die Fantasien und Handlungen des Einzelnen sowie der Gesellschaft und beeinflussen unser Denken, Fühlen und Handeln.

Die archetypischen Erzählungen um den griechischen Gott Pan und ihre Sinnbedeutung in der individuellen und kollektiven Vorstellungswelt drehen sich unter anderem um die individuellen und kollektiven Ängste der Menschen. Als mächtige archetypische Wirkkraft lebt Pan in unseren Angstkomplexen.

Tiefenpsychologie der Angst und Komplexbegriff

Angst ist zunächst keine Störung, sondern eine Emotion, wichtig für ein gut funktionierendes psychisches Leben. Sie ist eine Schutzfunktion und eine archetypische Grunderfahrung, die biologisch sinnvoll ist. Angst ist ein angeborenes und biologisch verankertes Gefühl, das unser Überleben in einer feindseligen Umgebung sichern soll. Unterschieden wird einerseits zwischen der intentional auf ein Objekt gerichteten Furcht oder auch Realangst im Falle einer realen Bedrohung und andererseits einer diffusen Angst.

Die Analytische Psychologie betrachtet Angst als einen Komplex und berücksichtigt damit ihre multiplen Aspekte aus kognitiven, affektiven und somatischen Anteilen. C. G. Jung nimmt ein persönliches Unbewusstes und eine noch tiefere Schicht des kollektiven Unbewussten an. Das persönliche Unbewusste enthält unsere mehr oder weniger unbewussten Komplexe, bestehend aus einer Komplexschale und einem archetypischen Kern, der mit dem kollektiven Unbewussten verbunden ist.

Der Komplexbegriff spielt in der Psychologie C. G Jungs eine erhebliche Rolle. Jung bezieht sich dabei auf psychische Inhalte, die emotional aufgeladen sind und spricht daher auch von „gefühlsbetonten Komplexen". Diese sind verinnerlichte konflikthafte Erfahrungen, die man in ähnlicher Weise immer wieder gemacht hat und die durch eine oder mehrere Emotionen gekennzeichnet sind. Ist der Komplex einmal gebildet, wird jedes vergleichbare Erlebnis in der Folge im Sinne des Komplexes angesehen und verstärkt den Komplex bzw.

die Komplexschale. Das wird insbesondere beim Angstkomplex deutlich. Die Angst wird bei jeder neuen konflikthaften Konfrontation stärker.

Der Angstkomplex beherrscht dann den Betroffenen und strukturiert seine Wahrnehmung der Welt. Gerade beim Angstkomplex wird die von C. G. Jung betonte Autonomie der gefühlsbetonten Komplexe deutlich. Er beschreibt den Komplex als

> [...] eine eben durch ihre Autonomie von der zentralen Kontrolle des Ich-Bewusstseins unabhängige Vorstellungsmasse, die imstande ist, sozusagen jeden Augenblick die Intentionen des Individuums zu beugen oder zu durchkreuzen.
> (Jung, GW 8, § 270)

Angstkomplexe können mit bedrohlichen, krisenhaften oder traumatischen Erfahrungen verbunden sein. Sie beeinflussen das Erleben und Verhalten des Menschen, und zwar dadurch, dass der Mensch emotional in stereotyper Weise überreagiert. Durch die Abwehr der Angst entstehen wiederum andere stereotype Verhaltens- und Erlebnisweisen wie u. a. ausgeprägte Vermeidungsstrategien oder eine Generalisierung der Angst. C. G. Jung sieht somit Angst als eine Anpassungsstörung der Seele an die Erfordernisse des Lebens.

Im Angstkomplex, wie in anderen Komplexen, liegen aber auch die Keime neuer Lebensmöglichkeiten (vgl. GW 8, § 210). Komplexe werden von Jung daher auch als die Brenn- und Knotenpunkte des Lebens bezeichnet. Seine Komplextheorie gestattet es Jung, radikal an das Thema Angst heranzugehen. Er möchte als Therapeut den tieferen Sinn der Angst erforschen:

> Ich versuche als Psychotherapeut keineswegs, die Patienten von der Angst zu erlösen, sondern ich führe sie bis auf den Grund ihrer Angst, wo es dann klar wird, wie berechtigt sie ist.
> (Jung, GW 11, § 12)

Kern der Komplexe sind die Archetypen, archetypische Wirkkräfte. Sie sind nach C. G. Jung die großen entscheidenden Mächte, sie bringen die echten Ereignisse hervor und nicht unser persönlicher Verstand und praktischer Intellekt. Es sind die archetypischen Bilder, die das Erleben des Menschen mitbestimmen. Wird der eigentliche „Komplex-Kern", der einer tiefer liegenden psychischen Struktur entspringt, freigelegt, dann wird der Mensch einer überpersönlichen Wirkkraft gegenübergestellt.

Für die Psychotherapie hat das Archetypenkonzept tiefreichende Bedeutung, denn eine seelische Störung wie auch die Angststörung ist oft Ausdruck davon, dass sich ein Mensch von seinen archetypischen Wurzeln entfernt und damit die Beziehung zu seinem Unbewussten und zu einer gesunden Selbstregulation, die nach Jung auf archetypischer Basis verläuft, verloren hat.

Im Angstkomplex können wir der mythologischen Gestalt des griechischen Naturgottes Pan begegnen als dem symbolischen Ausdruck des archetypischen Kerns der Angst.

Mythologische Erzählungen um den griechischen Gott Pan

Die Redewendungen „Panik", „panischer Schrecken", „panische Angst", „Panik erzeugen" hängen mit dem griechischen Gott Pan zusammen und gehen auf das griechische „panikòs" (dem Pan eigen, von Pan ausgehend) zurück. „Panik" bezeichnet eine plötzlich auftretende, oft grundlose Furcht, in die Menschen versetzt werden können.

Pan, eine mythologische Gestalt, ein griechischer Naturgott, verkörpert in seiner tierisch-menschlichen Gestalt ein Mischwesen aus Menschenoberkörper mit Hörnern und dem Unterkörper eines Ziegenbocks mit Bocksfüßen. Als eigentliche Heimat des Pankultes gilt Arkadien, das Kernland der griechischen Halbinsel Peloponnes. Die Hirten und Viehzüchter verehrten Pan und baten ihn um Schutz für Ihre Herden, fürchteten sich aber auch vor seinem Anblick. Seine bevorzugten Aufenthaltsorte waren Grotten, Höhlen, Schilf und Quellen, die Wildnis. Als nomadischer Grenzgänger streifte er zwischen Wildnis und Menschenwelt, zwischen Natur und Kultur, zwischen Wildheit und Gezähmtheit.

Unter Bäumen, im Gesträuch der Quellen, im Schilfdickicht der Bäche und Teiche verbrachte er die heißen Mittagsstunden. „Pan schläft" ist ein Begriff geworden für die Stille einer heißen Mittagslandschaft, die im Süden durchaus bedrohlich wirken kann. Wurde Pan in seiner Ruhe gestört, erschien er plötzlich, schauerlich und jagte den Herdentieren und Menschen einen panischen Schreck ein, sodass sie entsetzt und blindlings die Flucht ergriffen.

In vielen mythologischen Erzählungen und Geschichten von Pan und den Nymphen flohen auch die Nymphen vor ihm in „panischer" Angst. So verfolgte er die Nymphe Syrinx bis zum Ufer eines Flusses. Als er sie jedoch zu fassen versuchte, verwandelte sie sich in ein Schilfrohr, das im Wind zarte Töne erklingen ließ. Um die Stimme seiner Geliebten für immer bei sich tragen zu können, brach Pan das Schilfrohr in sieben unterschiedlich lange Stücke und band sie zu einer Flöte zusammen, der Panflöte.

Pan trat auch als Helfer auf und verkörperte damit auch positive Aspekte der Natur. Im Märchen von Eros und Psyche des Apuleius bewahrte Pan mithilfe der Nymphe Echo Psyche vor dem Selbstmord. Die verzweifelte Psyche, die ihre Liebe verloren sah, geriet in Panik und warf sich in den Fluss, der sie zurückwies. In diesem Augenblick der höchsten Not erschien Pan mit der Nymphe Echo und rettete sie.

Pan trat immer wieder als Beobachter auf, als der „Weitblickende", der „Scharfäugige", der aufmerksam über seine Herde wachte. Der Mythos weist damit auf ein Wissen hin, das in der Natur verborgen ist.

Pan zeigte sich oft im Gefolge des Dionysos. Im Triumphzug dieses mächtigen Gottes, mit den Satyrn, den wilden Tieren und der ekstatisch feiernden Gefolgschaft der tanzenden Mänaden sind die verschiedensten Aspekte der Natur symbolisch repräsentiert: animalische triebhafte Kräfte, Fruchtbarkeit, Wachstum und Tod. Der dionysische Zug gehört zum Symbolkreis der Großen Mutter Natur. In Theben waren seine Gestalten wie Pan eng verbunden mit dem Kult um die große Muttergöttin Kybele.

Pan lebt in unseren Angstkomplexen

Pan ist als Naturgott Erhalter und Zerstörer, wie es in den mythologischen Geschichten um die Flucht der Menschen, Herdentiere und

Nymphen vor ihm berichtet wird. Seine polaren Seiten von Vernichtungs- und Todesangst einerseits und Weisheit, Weitsicht und Hilfsbereitschaft andererseits sind in den mythologischen Erzählungen deutlich geworden. Er ist Mitglied im Gefolge des Dionysos und zusammen mit diesem Gott ein Begleiter und Diener der großen Macht Natur, symbolisiert als Muttergöttin mit den verschiedensten Namen, die nährt und schützt, aber auch alles Leben wieder zurücknimmt und verschlingt.

C. G. Jung bemerkte, dass wesentliche Eigenschaften der archetypischen Großen Mutter „ihre orgiastische Emotionalität und ihre unterweltliche Dunkelheit" (vgl. GW 9/I, § 158) sind, und wenn man Pan im Umkreis der Kulte der Kybele und des Dionysos betrachtet, sein ekstatisches Tanzen, sein Musizieren, seine animalische Triebnatur, zeigen sie seine Verbundenheit mit diesem zentralen Archetyp der Großen Mutter. Er verweist in der Analytischen Psychologie auf das umfassende kollektive Unbewusste, aus dem das Ich-Bewusstsein geboren und entstanden ist und in das es auch wieder zurückkehren wird.

In der Angst wird der Mensch auf sich selbst zurückgeworfen. Angst hält ihn vom Leben und vom Außen ab, und er wendet sich nach Innen. Hierzu sagt C. G. Jung in *Symbole der Wandlung*:

> Je mehr der Mensch sich von der
> Anpassungsleistung zurückzieht,
> desto größer wird seine Angst, die ihn
> auf seinem Weg dann überall und in
> zunehmendem Maße hindernd befällt.
> Die Angst vor Welt und Menschen
> verursacht natürlich auf dem Wege
> des Circulus vitiosus ein vermehrtes
> Zurückweichen, das zum Infantilismus
> und „in die Mutter zurück" führt. Der
> junge Persönlichkeitsanteil, der am
> Leben verhindert und zurückgehalten
> wird, erzeugt Angst und verwandelt
> sich in Angst.
> (Jung, GW 5, § 456 ff.)

Im Komplexkern der Angst kann das bewusste Ich dann dem Unbewussten symbolisch in der Gestalt des Begleiters der Großen Mutter, des Naturgottes Pan, begegnen. Damit wird das Ich-Bewusstsein des Individuums mit der

Jan Brueghel der Jüngere (1601–1678) und Peter Paul Rubens (1577–1640): Pan und Syrinx, Staatliches Museum Schwerin

Natur in seinem Inneren konfrontiert und in dem Gefühl der Angst an das kollektive Unbewusste herangeführt. Dies kann man metaphorisch auch als Ruf der Stimme des Unbewussten, als „Ruf des Pan" ausdrücken.

Das Individuum als Ich-Bewusstsein ist dadurch gezwungen, sich dem Unbekannten, Unheimlichen und Unlenkbaren in seinem Inneren zu stellen. Nach C. G. Jung ist das Ich gegenüber dem Unbewussten klein, unterlegen und abhängig. In der Bewusstseinsentwicklung des Menschen entsteht es aus dem Unbewussten als eine symbolische Geburt aus der Großen Mutter.

Daher besteht für das Ich-Bewusstsein, vor allem in einem frühen Zustand, immer auch die Gefahr, in das Unbewusste zurückgezogen zu werden. Dann droht die Auflösung der mühsam errungenen geordneten Strukturen des Ich. Das Bewusstsein mit seinen festen Kategorien kann überschwemmt werden mit archetypischen Inhalten. C. G. Jung benannte diese Gefahr als „Inflation", die sowohl im einzelnen Individuum als auch im Kollektiv auftreten kann.

Die gigantischen Katastrophen, die uns bedrohen, sind keine Elementarereignisse physischer oder biologischer Natur, sondern psychische Ereignisse. Uns bedrohen in schreckenerregendem Maße Kriege und Revolutionen, die nichts anderes sind als psychische Epidemien. Jederzeit können einige Millionen Menschen von einem Wahn befallen werden, und dann haben wir wieder einen Weltkrieg oder eine verheerende Revolution.
(Jung, GW 17, § 302)

Im Komplexkern der Angst verbirgt sich also eine Vernichtungsangst, oft symbolisiert als Tod, als das Nichts, als Abgrund. Es ist der panische Schrecken vor einer möglichen Auflösung des Ich in einem viel größeren Unbekannten. C. G. Jung hat den Gefühlscharakter dieser Emotion als „numinos" bezeichnet. Der Ausdruck stammt ursprünglich von dem Religionswissenschaftler Rudolf Otto, der damit die ursprüngliche Begegnung des Menschen mit dem Göttlichen charakterisierte.

Dieses Göttliche ist das Numinose, ein „Mysterium tremendum et faszinosum". Ein

„Mysterium" ist diese Erfahrung, weil sie sich nicht begrifflich fassen lässt. Schauervoll ist sie, wie das Erscheinen des Pan als Allmacht, da die numinose Angst in ihrem Ausmaß unsere Vorstellung übersteigt und uns zittern lässt. Das Schauervolle wird damit zu einer existenziellen Grunderschütterung angesichts des Auftretens einer unendlichen, nicht fassbaren Allmacht.

Indem C. G. Jung den Ausdruck des Numinosen für die Beschreibung der emotionalen Wirkung der Konstellation eines Archetyps auf das Individuum verwendet hat, wollte er auch ganz bewusst deutlich machen, dass neben der negativen, furchtbaren Seite, welche die Begegnung eines Individuums mit dem kollektiven Unbewussten haben kann, auch immer ein positiver Aspekt damit einhergeht. Es ist der Aspekt des „Faszinosum", des Faszinierenden, welches den Menschen anzieht, weil er ahnt, dass in der Urgewalt der Natur in seinem Inneren auch Kräfte verborgen sind, welche er sich nutzbar machen kann für eine Erneuerung seiner Persönlichkeit und eine Rückkehr in die Wirklichkeit eines neuen Lebens, welche die Angst überwunden hat. Pan als der große Naturgott wird dann in seiner Weisheit und Weitsicht zum Helfer für das Ich. Voraussetzung ist dafür, dass der Mensch es schafft, in der Panik, in der Angst, in der Vernichtungsangst eine Verbindung mit Pan, der Naturseite der Seele, dem Unbewussten herzustellen.

C. G. Jung sagte, wir müssen uns wieder fürchten lernen, um auf die Weisheit des Körpers zu hören (vgl. Hillman, S. 55). Dagegen würde man in dem Bestreben, furchtlos zu sein, ohne Angst und Grauen zu leben, gefeit zu sein gegen panische Angst, die eigene Natur einbüßen und die Verbindung mit Pan verlieren. Er hat immer wieder betont, dass die lebenslange Berücksichtigung der Stimme des Unbewussten auf unserem Individuationsweg entscheidend ist. Nur so könnte es gewährleistet sein, dass wir durch das Unbewusste, unsere innere Natur, geleitet werden.

Der Tod des Großen Pan

Der griechische Gelehrte Plutarch (um 45-120 n. Chr.) erzählte im Rahmen eines Streitgespräches vom Tod des Großen Pan in der Zeit, als die griechischen Orakel verstummten.

Das symbolische Verständnis des Todes des Pan und der Geburt des neuen christlichen Gottes, der ein geistiger war, wurde von C. G. Jung so gedeutet, dass in der Zeit der Spät-Antike das Unbewusste des Individuums mithilfe des allgemeinen Glaubens unterdrückt wurde. Dies diente der Stärkung und Entwicklung der bewussten Einstellung.

In den historischen Zeugnissen um den Tod des Pan zeigte sich diese Wandlung im Verlust der positiven religiösen Auffassungen der Natur sowie einer Abwertung des irdischen, sinnlichen Lebens und der schöpferischen Kraft des Unbewussten. Das neue Gottesbild stieß alles Natürliche, Sinnliche und Triebhafte von sich weg und dämonisierte es zu einer gegengöttlichen immanenten Macht. Der Tod des großen Pan war der Triumph des neuen vergeistigten Gottesbildes.

Das zur dominierenden Macht gewordene Christentum sah im griechischen Mythos eine heidnische Naturreligion und Pan wurde zum bocksfüßigen Teufel degradiert. Die mythologische Gestalt der Großen Mutter erschien ausschließlich als verschlingende negative Gestalt, als „Hölle", als fressendes Maul der Erde, in dem der Teufel wohnte. Pans Tod bedeutete auch den Tod der Nymphen, die im christlichen Mittelalter zu Hexen wurden. Das Körperliche, die Natur wurden verworfen, das Geistige, der Himmel wurden aufgewertet. Auch die Naturwissenschaften entwickelten sich in der christlichen Tradition der Entwertung der Natur.

Die heilige Ehrfurcht vor der Natur, für die der Naturgott Pan in der Antike stand, hat in der naturwissenschaftlich geprägten Weltsicht von heute kaum noch Platz. Dadurch, dass unsere christlich geprägte Kultur das Göttliche v. a. in geistigen, himmlischen Sphären suchte und das Irdische und Körperliche eher ablehnte, entstand ein psychisches Ungleichgewicht. Das Sinnliche, das Natürliche, das Triebhafte musste ins Unbewusste verdrängt werden, um den bewussten Standpunkt nicht zu verwirren. Es kam zur Abspaltung der unbewussten Kräfte.

Doch das Abgespaltene konnte nicht abgetötet werden. Es lebte im Verborgenen weiter und zeigt sich heute als Wiederkehr des Verdrängten in vielerlei Formen von gewalttätigen Ausbrüchen, krisenhaften Entwicklungen beim

komplexe

Einzelnen und in der Gesellschaft sowie in der Grundangst des modernen Menschen.

Sowohl C. G. Jung als auch Erich Neumann sprachen von einer Krise des modernen Menschen. Durch den Verlust des Zugangs zu seinen Wurzeln in den unbewussten Schichten seiner Psyche, der früher durch die Mythen und die Religionen aufrechterhalten wurde, spürt der Mensch von heute im Rahmen der zunehmenden Rationalisierung und Säkularisierung in seiner Verlorenheit als Grundstimmung des Lebens vor allem Unsicherheit, Ungewissheit und Angst. Die Moderne hat dementsprechend gerade die Angst zu einem zentralen Thema gemacht, wie in zahlreichen schriftlichen Zeugnissen aus Literatur, Philosophie und Psychologie deutlich wird.

Das Thema Angst scheint die grundlegende ontologische Situation des modernen Individuums zu enthüllen, eines Da-Seins, das nicht notwendig, zufällig und kontingent ist. Alle Furcht und Angst, die ihn befällt, wird damit immer auch zum Schrecken vor dem Nichts, auf das alles Sein sich zu gründen scheint.

Nach C. G. Jung verweist auch diese „ontologische" Angst der Moderne auf die zentrale Aufgabe der Individuation in unserem Leben hin. Es geht dabei um die Rückgewinnung eines positiven Zugangs zum unbewussten Bereich der Psyche, um die Integration unserer Naturseite, die Wiederherstellung einer Ganzheit. Eine Annäherung kann gelingen durch die Beschäftigung und Auseinandersetzung mit den Symbolen und Signalen, die wir z. B. in Träumen oder Imaginationen aus dem Unbewussten erhalten und auch in Märchen und mythologischen Erzählungen finden.

Die grundlegenden Strukturen, die Archetypen, welche die uralten Mythen zum Ausdruck brachten, sind nicht gestorben, wie es vom großen Naturgott Pan erzählt wurde. Sie leben in veränderter Gestalt auch in unserer heutigen Zeit weiter. Immer noch können sie uns einen Zugang zu unseren unbewussten Schichten ermöglichen, denn der Mensch muss erfahren, „was ihn trägt, wenn er sich nicht mehr tragen kann. Einzig diese Erfahrung gibt ihm eine unzerstörbare Grundlage". (GW 12, § 32)

Pan, der Naturgott, enthält als thematischen Kern einen oder mehrere spezifische Urängste, mit ihren hochbedrohlichen Themen Panik und Vernichtungsangst, aber auch archetypische Muster und Strukturen der Angstüberwindung wie zum Beispiel Weisheit und Weitsicht der Natur. Damit macht uns der Mythos deutlich, dass wir auf unserem Individuationsweg eingebettet sind in einen größeren Zusammenhang, der uns mit allen anderen Menschen und dem Lebensstrom verbindet. Durch die Erfahrung eines solchen tragenden Untergrundes fällt der einzelne Mensch mit seiner tiefen Angst nicht aus dem Kollektiv der Menschheit heraus, sondern kann sich darin gehalten fühlen.

Literatur

Herbig R. (1949). *Pan*. Frankfurt.

Hillman, J. (1995). *Pan und die natürliche Angst*. Zürich.

Jung, C.G. (1995). Gesammelte Werke. Olten.

Kast, V. (2011). *Vom Sinn der Angst*. Freiburg.

Kleespiess, W. (2003). *Angst verstehen und verwandeln*. München

Neumann, E. (1997). *Die Große Mutter*. Düsseldorf.

Neumann, E. (1961). *Krise und Erneuerung*. Zürich.

Otto, R. (2014). *Das Heilige*. München.

Walter, H. (1980). *Pans Wiederkehr*. München.

Wassmann, X. (2003). *Der Tod des großen Pan*. Zürich.

Susanne Gabriel
Dr. med., Fachärztin für Innere Medizin, Psychotherapeutin, Psychoanalytikerin (C. G. Jung), niedergelassen in eigener Praxis in Troisdorf, Dozentin am C. G.Jung-Institut München, 1. Vorsitzende der C. G. Jung-Gesellschaft Köln e. V.

Vom Ersatzkind-Komplex zur Selbstgeburt

Kristina Schellinski

Foto: Antipina (stock.adobe.com, Bild-Nr. 333972932)

Vom Ersatzkind-Komplex zur Selbstgeburt
An einem lang erwarteten, heiß ersehnten Gala-Abend am 2. Januar 1958 erschien die berühmte Maria Callas endlich wieder auf der Bühne: Sie begann zu singen, doch dann versagte ihr, in der Rolle der *Norma,* die Stimme. Maria Callas ging von der Bühne, die Opernfans im Saal tobten, sie waren enttäuscht und fluchten, die Presse wetterte ... Wer mag schon eine andere hören als die verehrte, angebetete Diva? Wer will die 2. Wahl an Stelle der vergötterten, idealen, geliebten, verehrten Maria Callas? Viele hatten drei Tage und Nächte vor der Oper in Rom ausgeharrt, um ein Ticket zu ergattern ... Ersatz? Nein, danke!

Maria Callas wurde am 2. Dezember 1923 als Kind griechischer Einwanderer in Manhattan geboren. Die Mutter wandte ihren Blick von der Neugeborenen ab. „Nehmt sie weg", soll sie gesagt haben. Maria war nicht das Kind, das die Mutter erwartet hatte, nachdem ihr Sohn Vassilis im Sommer 1922 an Meningitis gestorben war. Maria Callas war ein Ersatzkind, und noch dazu ein ungewolltes, ein Mädchen.

Was um Himmels willen hat Maria Callas mit Carl Gustav Jung gemeinsam? Auch Carl Gustav Jung war ein Ersatzkind. Sein Enkel, Andreas Jung, bestätigte mir in einem Schreiben vom 28.11.2008, dass vor der Geburt von Carl Gustav drei Kinder gestorben waren: eine Tochter, totgeboren am 19. Juli 1870, eine zweite Tochter, totgeboren am 3. April 1872, und ein Sohn, Paul, geboren am 18. August 1873, getauft auf den Namen seines Vaters, der aber nur fünf Tage gelebt hat. Man kann sich vorstellen, mit welchem Hoffen und Bangen die Geburt von Carl Gustav erwartet wurde und in welche Atmosphäre der Trauer und des Verlusts er hineingeboren wurde.

Diese Verbindung von Tod und Geburt hinterlässt Spuren in der frühesten Bindung (dem *bonding*); ein neues Menschenleben, überschattet von vorhergegangenen, unerfüllten Existenzen; das Ringen um die eigene Identität, um den eigenen Platz in der Familie sind nur einige der strukturellen Elemente, mit denen ein Ersatzkind auch noch im späteren Leben zu kämpfen hat.

Jung schrieb, dass es ihm „wie ein Wunder" schien, wenn er „nicht vor der Zeit zerstört werden sollte" (Jung & Jaffé, 2009, S. 18). Er spricht von einem „unbewussten Selbstmorddrang ... einem fatalen Widerstand gegen das Leben in dieser Welt" in seinem frühen Leben (ebd., S. 23) und erinnert sich, wie er mehrere Male nach einem Unglück den Drang verspürte, sich die Toten genau anzusehen; nichts konnte ihn davon abhalten.

Wer mit der Analytischen Psychologie vertraut ist, weiß implizit einiges über die Grundproblematik des Ersatzkindes, denn Carl Gustav war ein Ersatzkind auf der Suche nach sich selbst, nach seinem *wahren Selbst*. Sein Lebenswerk, die Erforschung des Unbewussten, hat ihm genau dies ermöglicht: „Er erforschte die menschliche Seele und sein Ziel war das Selbst", schreibt Andreas Jung in *The Grandfather* (2011) – das Selbst, welches zur Individuation des Menschen drängt und die Seele beflügelt, sich in ihrer Einzigartigkeit zu erkennen und zu entfalten.

Grundlegende Konzepte der Analytischen Psychologie erweisen sich in der Behandlung von Ersatzkindern als besonders hilfreich. Sie helfen, die psychische Struktur erwachsener Ersatzkinder zu verstehen und diese im *Selbstwerdungsprozess* zu begleiten. Ich kann einen Teil von Jungs Entwicklung seiner Theorie aus der Perspektive eines solchen Ersatzkindes auf der Suche nach dem Selbst betrachten: Die für Jung zentrale Bedeutung des Individuationsprozesses, das Streben nach Differenzierung und Selbstverwirklichung im Dialog mit unbewussten Inhalten; sein Rufen nach seiner Seele im Roten Buch; seine Ausführungen zu den Archetypen von Wiedergeburt, Anima und Animus, des Selbst und des Schattens. All diese von Jung entwickelten Konzepte sind für das Verständnis der psychischen Herausforderungen, vor denen erwachsene Ersatzkinder – und ihre Analytiker – stehen, von Bedeutung.

Aufgrund der Verluste von Millionen von Menschen in den beiden Weltkriegen, durch Unfälle, Gewalt und weit verbreitete Krankheiten (auch die Covid-19-Pandemie) sowie viele andere Todesursachen inklusive Spontanaborte und perinatale Verluste haben wir viele Ersatzkinder oder deren Kinder und Enkel in der Praxis, oft ohne dass wir uns oder unsere Patienten sich dessen bewusst sind.

Viele erwachsene Ersatzkinder wissen nicht um die Umstände ihrer Konzeption oder Geburt. Der Verlust ist ein Tabu oder ein Familiengeheimnis. Der Ersatzkind-Komplex als Ursache ihres Leidens bleibt oft lange unentdeckt, viele Facetten ihres Leidens werden als unerklärlich abgetan. „Wieso sollten Sie unter dem Verlust Ihres Bruders gelitten haben", sagte ein Arzt zu einer zutiefst betroffenen, depressiven Klientin, „das war doch vor ihrer Geburt!"

Man war sich lange Zeit nicht bewusst, was es für ein überlebendes oder nachgeborenes Kind seelisch bedeutet, einen Toten zu „ersetzen". Der implizite, manchmal aber auch explizite Auftrag, ein gestorbenes Kind (oder anderes Familienmitglied) zu ersetzen, ist eine unmögliche Aufgabe und kann eine schwere Bürde sein mit lebenslangen Konsequenzen.

Und dennoch: Dieser Komplex kann sich auch als Daimon, als eine Vermittlungsfunktion entpuppen, als außergewöhnliche Öffnung für die Geheimnisse des Lebens, mit großem Transformationspotential für die Betroffenen. Gerade durch ihr Leid können sich Ersatzkinder einem viel tieferen Verständnis um die menschliche Existenz annähern. Sie wissen um Tod und Leben und die Wirklichkeit der Seele, so wie wir es bei Carl Gustav Jung finden oder bei berühmten Künstlern wie Maria Callas, dem von Jung so verehrten Johann Wolfgang von Goethe oder Hermann Hesse, Søren Kierkegaard, Rainer Maria Rilke, William Shakespeare, Vincent van Gogh, Salvador Dalí, Edvard Munch und unzähligen anderen, die in eine solche Situation hineingeboren wurden und sich durch Kreation aus den potentiell destruktiven Anfängen ihres Lebens befreiten; auch Elvis Presley, Lady Diana, Präsident Macron.

Ein existentieller Komplex

Aber: Erwachsene Ersatzkinder müssen nicht berühmt werden, sondern „nur" bewusst. Der Ersatzkind-Komplex ist ein *existentieller* Komplex. Wenn dieser erkannt wird, steht der Weg zur weiteren Entwicklung offen. Der Ersatzkind-Komplex, von frühen Forschern psychoanalytischer Schule, wie Cain und Cain (1964) oder Porot (1996), auch Ersatzkind-Syndrom genannt, hat einen emotionalen Kern: Entweder den der Zurückweisung, dann fühlt sich das Ersatzkind ungeliebt, ungesehen und ungewollt, manches gar „wie tot", weil es sein soll wie das tote (oder behinderte oder kranke) Kind, welches es ersetzen soll. Oder aber, am anderen Ende des Spektrums: es wird als ein goldenes *Wunderkind* gesehen, auferstanden von den Toten, ideal und (angeblich) mit der Macht versehen, die Eltern von ihrer Trauer zu erlösen – was natürlich nicht gelingen kann. André Green hat dies aufschlussreich beschrieben in seinem Werk *Die tote Mutter*.

Um den Ersatzkind-Komplex sammeln sich oftmals negative Mutter- oder Vaterkomplexe, je nachdem ob die frühe Bindung zustande kam oder nicht, mit Konsequenzen für Beziehungen im späteren Leben, und es gibt Ablösungsprobleme, Abhängigkeiten und, aufgrund von Loyalitäten, auch große Widerstände. Was immer einst auf das Ersatzkind projiziert wurde, kann dieses, falls es unbewusst bleibt, später auf einen Partner oder das eigene Kind projizieren. So können diese Inhalte transferiert werden von Generation zu Generation. Wenn dieser Komplex in der Praxis erkannt und diagnostiziert wird und das erwachsene Ersatzkind von einem verständnisvollen Analytiker oder Therapeuten begleitet wird, steht der Weg zur Individuation offen.

Johanna, die ihren Bruder Johann ersetzen sollte, schreibt in ihrer zur Veröffentlichung vorliegenden Biografie:

Meine Bewusstwerdung begann an dem Tag, an dem ich erfahren durfte, dass der Ersatzkind-Komplex real ist, dass es Gründe gibt für mein So-sein, für mein Nicht-sein, für meine Verwirrung. Die Benennung meines Leidens hat mir den Mut und die Kraft gegeben, mich auf den Weg zu mir selbst zu begeben. Dadurch, dass ich die Prägung des Ersatzkindes erkannt und Zusammenhänge verstanden habe, bin ich herausgetreten aus der Rolle des Ersatzes, habe den Schutt zur Seite geräumt und bin Johanna begegnet.

Oft leiden Ersatzkinder auch an der gar nicht oder nur ungenügend verarbeiteten Trauer, an Überlebensschuld (siehe Holocaust-Forschung) und an Schattenaspekten, wie wir sie auch bei Jung im Roten Buch finden (zum Beispiel im Kapitel *Der Opfermord*. In manchen Fällen hielten Eltern unbewusst das Ersatzkind für verantwortlich für den Tod des anderen (Cain & Cain, 1964); in anderen Fällen identifizieren sich Ersatzkinder selbst mit einer solchen Schuld (siehe hierzu auch Hirsch, 2002). Falls dieser Schuldkomplex unbewusst bleibt, kann er zu autoaggressiven oder zu fremd-aggressiven Akten führen.

Welche Störungen können wir diagnostizieren?

Wir finden bei Ersatzkindern die verschiedensten Ausprägungen von Identitäts- und Selbstwertproblemen bis hin zu narzisstischen oder schizoiden Persönlichkeitsakzentuierungen, Abhängigkeits- oder Borderlinestörungen; ggf. auch Missbrauch von Substanzen oder eine psychotische Episode, wenn eine zu schwache Ich-Struktur überwältigt wird von zum Bewusstsein strebenden, unbewussten Inhalten oder wenn die Frage „Wer bin ich?" keine Antwort findet. Ich bin „wie nicht ich selbst" oder gar „ich bin jemand anderes", wie Andrea Sabbadini es schon 1988 beschrieb (und in seiner Fallstudie 2014/2018). Oder ein Ersatzkind ist nicht in der Lage, sein wahres Wesen oder wer oder was auf es projiziert wurde zu erkennen und kann sich deshalb nicht davon differenzieren und seinen Weg zu sich selbst finden.

Verständnis ist befreiend

Dies ist das Wichtigste: den Ersatzkind-Komplex erkennen und verstehen, welche Langzeitwirkungen er auslösen kann. In der Praxis kann das schwierig sein, insbesondere wenn die Betroffenen nicht um ihren Ersatzkind-

komplexe

Status wissen. Es hilft, wenn wir in der Anamnese nachfragen, ob es Fehlgeburten oder Aborte gab; wenn wir uns einen Stammbaum ansehen und Abstände zwischen den Geburten erkennen; und wir können unsere Analysandinnen und Analysanden bitten, zu Hause nachzufragen oder in Archiven zu forschen.

Am besten erkennt das erwachsene Ersatzkind selbst, welche strukturellen Elemente auf es zutreffen. Für viele wirkt es befreiend, wenn der Ersatzkind-Komplex erkannt und benannt wird, und die pathologischen Begleiterscheinungen mit dieser Ursache in Verbindung gesehen werden können. In der Therapie kann das einstige Nicht-

Herkules reißt sich das Nessusgewand vom Leibe. Francisco de Zurbarán (1598–1664): Tod des Herakles, Prado, Madrid (wikimedia)

gesehen-Werden übertragen werden, daher ist es hilfreich, um diesen Komplex zu wissen.

Nicht nur Menschen in den Psy-Berufen, auch Gynäkologinnen, Geburtshelfer, Hausärzte, Krankenpflegerinnen, Pfleger, Seelsorgerinnen und Familien sollten informiert sein, um dem seit Jahrhunderten gegebenen Rat, „nach vorn zu schauen" oder „ein neues Kind zu machen", nicht zu folgen. Die Leiterin der psychologischen Abteilung einer Klinik in München schrieb mir: „Viele Kollegen wissen das nicht! Es hat so viele Ersatzkinder, besonders unter den Trauma-Patienten, und hier komme ich nur mit Zeichnungen an das Ur-Trauma, denn es hat ja in der präverbalen Periode stattgefunden."

Ein Ersatzkind zu zeugen, einem Kind die Rolle des Ersatzes zu übertragen, kann ein zweites Lebewesen zu einer Art Nicht-Sein verdammen. So eine Sichtweise ist für viele Eltern unerträglich und schuldbeladen; manche wehren sich gegen den Terminus Ersatzkind. Im Englischen weichen manche auf den Terminus Regenbogenkind aus, bei dem die Tränen über den Verlust (der Regen) und die Freude über das neue Leben (Sonne) in einem neuen Leben zusammenkommen. Aber eben: Es fällt zusammen. Hier sehen wir die unheilvolle Verbindung, dieses Amalgam von unbewussten Aspekten des Todes- und des Lebensarchetypus. Ein schweres Erbe.

Wie kommt ein erwachsenes Ersatzkind zur Selbstwerdung, zur Coniunctio mit dem wahren Selbst?

Das Erkennen der Ersatzkind-Konstellation, des Ersatzkind-Komplexes ist oft eine langsame Entwicklung, wenn die Seele auf Selbstwerdung pocht, wenn das Ersatzkind den Weg zum Therapeuten oder zur Analytikerin findet, und diese den Ersatzkind-Komplex erkennen und verstehen. Dann geht es um die Differenzierung des eigenen, wahren Persönlichkeitskerns, um das Erkennen von Projektionen oder der eigenen Identifikation mit einem abwesenden anderen; und auch um Abschied von der Rolle des Ersatzkindes und der Aufgabe, so eine Rolle für sich selbst oder die Eltern zu übernehmen. Und um die Trauer über den erlittenen Verlust und das bisher nicht gelebte eigene Leben – wie auch Dankbarkeit für den eigenen Wesenskern, der erkannt wird im Individuationsprozess, einer neuen „Selbstgeburt".

Ersatzkinder entdecken ihre eigene Identität – und ein Bild ihrer Anima oder ihres Animus, losgelöst und differenziert von dem verinnerlichten Bild des abwesenden Geschwisters. Den anderen in sich erkennen, den wahren anderen, heißt die eigene Seele wahrnehmen in ihrer Einzigartigkeit. Die eigene Stimme wiederfinden ...

Der Archetyp hinter dem Ersatzkind-Komplex

Der Mythos von Herkules, Dejanira und Nessus bringt uns zum archetypischen Kern dieses Komplexes: Mythologisch betrachtet trägt das Ersatzkind ein fremdes, ja ein potentiell tödliches Kleidungsstück, wie das von Blut und Samen getränkte Hemd des Zentauren Nessus. Tödlich von einem Pfeil Herkules' getroffen, empfiehlt Nessus Dejanira, der Frau von Herkules, ihrem Gatten dieses Hemd zu schenken. Als Herkules sich diese Tunika anzieht, verzehren ihn flammende Schmerzen, und Herkules stirbt. Man kann sich nicht die *Essenz* eines anderen überstreifen, ohne dass es einem an die Substanz geht. Die Tunika des Nessus ist im Grunde das Attribut einer Persona, die lebensverneinend wirken kann, physisch oder seelisch.

Der Archetyp des Selbst bringt manches Ersatzkind in die Praxis, denn das eigene Leben will erkannt sein. Als Therapeutinnen und Analytiker können wir diesen Menschen zur Selbstfindung, zum Wiederentdecken der eigenen Seele verhelfen. Dies ist oft eine langwierige Aufgabe. Aber so sehr wir auch Mut brauchen, um den vom Ersatzkind-Komplex konstellierten Archetypen ins Auge zu schauen und diese nicht aufgrund eventuell eigener, auch übertragen bekommener Anteile an diesem Komplex abzuwehren, so befriedigend kann diese zutiefst jungianische Arbeit sein.

Vielleicht blinzelt uns Jung, anerkennend und erkannt, auch dabei zu. Wir wissen ja: Individuation funktioniert. Schon bei Carl Gustav Jung selber und ganz gewiss auch bei unseren Analysandinnen und Analysanden.

Das erwachsene Ersatzkind kann erkennen, was Johann Wolfgang von Goethe (der tot geboren wurde und reanimiert werden musste und der fast alle seine Geschwister und auch seine eigenen Kinder überlebt hatte), einst schrieb:

Und so lang du das nicht hast,
dieses Stirb und Werde,
bist du nur ein trüber Gast
auf der dunklen Erde.

Literatur

Cain, A. C. & Cain, B. S. (1964). On Replacing a Child. *Journal of American Academy of Child Psychiatry, 3*, 443-456.

Green, A. (2011). *Die tote Mutter*. Gießen.

Hirsch, M. (2002). *Schuld und Schuldgefühl*. Göttingen.

Jaffé, A. (Hrsg.) (2009). *C. G. Jung. Erinnerungen, Träume, Gedanken*. Düsseldorf.

Jung, A. (2011). The Grandfather. *Journal of Analytical Psychology, 56*, 653-673.

Porot, M. (1993/1996). *L'enfant de Remplacement*. Paris.

Sabbadini, A. (1988). The Replacement Child. *Contemporary Psychoanalysis, 4*(24), 528-547.

Sabbadini, A. (2014/2018). The Replacement Child; in: *Boundaries and Bridges: Perspectives on Time and Space in Psychoanalysis*. Routledge 2018; Karnac 2014.

Kristina Schellinski
(SGAP) hat 2002 am C. G. Jung Institut-Küsnacht Zürich das Diplom in Analytischer Psychologie erworben. Sie ist in freier Praxis in Genf tätig sowie als Lehranalytikerin und Supervisorin beim C. G. Jung-Institut Küsnacht und ISAP, und als freie Mitarbeitern des Genfer Universitätsspitals. Sie ist Mitbegründerin des replacementchildforum.com.

komplexe

„Ihr werdet sein wie Gott!" Der „Gottes-Komplex"

Napoleon im Glorienschein wie eine Reinkarnation des gottgleichen Sonnenkönigs (Antoine Aubert, Napoleon le Grand. Kupferstich.)

Albrecht Dürer, die vier Apokalyptischen Reiter, Holzschnitt (um 1497/98)

In der biblischen Sündenfallgeschichte (1. Mose 3) wird Eva von Gott gewarnt, vom Baum der Erkenntnis zu essen. Aber die teuflische Schlange verführt sie und verspricht ihr, ihr würden die Augen aufgehen, sie würde wissen, was gut und böse ist, und sie würde sein wie Gott.

Adam und Eva haben das Verbot bekanntlich übertreten – nach Auffassung der Tiefenpsychologie ein notwendiger Schritt der Bewusstwerdung und inneren Befreiung – und jetzt stehen wir vor dem Problem der Dunkelseite des Göttlichen, der All-Macht und den damit schwer kontrollierbaren Schattenseiten des Größenwahns, Narzissmus, der Gewalt, der Unterdrückung, der Ausbeutung und der Zerstörung.

Jetzt, nachdem die alten Gottesbilder „tot" sind, viele Religionen ihre Überzeugungskraft und Glaubwürdigkeit verloren haben und damit als moralische Leitlinie und Sinnorientierung ausfallen, versucht der Mensch, anstatt das dadurch entstandene Vakuum zunächst angst- und leidvoll auszuhalten, sie durch grenzenlose Wachstums- und Fortschrittshoffnungen zu kompensieren. Er verfällt dabei einem selbstdestruktiven Größen- und Machbarkeitswahn und „Gottes-Komplex" (vgl. das gleichnamige Buch von E. Richter von 1979).

Und nun? Folgt jetzt *Apokalypse Now*, die Zeit des „Antichristen"? Oder gelingt es dem oft beschworenen und ersehnten „neuen Menschen", der sich als *Homo deus* (vgl. das gleichnamige Buch von Y. Harari, 2020) erkennt, die Evolution auf eine neue Stufe zu heben und die damit verbundenen Gefahren der Hybris zu bewältigen?

Vermag er zur höheren Bewusstheit des „unus mundus", der einen Welt, zu erwachen und liebevolle Verantwortung für das Leben auf diesem Planeten zu übernehmen?

C. G. Jung hegte gegen Ende seines Lebens nur noch eine „ängstliche Hoffnung, der Sinn werde überwiegen und die Schlacht gewinnen." (Erinnerungen, S. 359)

Alfred Adler und die moderne Narzissmustheorie

Rainer Lemm-Hackenberg

Alfred Adler (1870-1937) im Jahr 1936 auf der Rückreise aus den USA nach Europa

Sigmund Freud und die Mittwochsgesellschaft

Am Anfang, im Jahr 1902, waren es fünf Herren, die in der Wiener Berggasse jeden Mittwoch zusammenkamen, um im Dunst ihrer Zigarren über psychologische Themen zu diskutieren. Initiator der Runde war der Nervenarzt Sigmund Freud. Er hatte zwei Jahre zuvor sein großes Werk, die Traumdeutung, publiziert und war über die geringe Resonanz in der Fachwelt enttäuscht. Der Kreativste unter Freuds ersten Gästen war Alfred Adler, der spätere Begründer der Individualpsychologie. Es waren intensive und interessante gemeinsame Jahre.

Mit der stetig wachsenden Gruppe hatte sich Sigmund Freud einen Resonanzraum für seine sich entwickelnden Gedanken geschaffen. Kurz vor Gründung der Mittwochsgesellschaft hatte ein enger Freund,

Wilhelm Fließ, Freud jedoch vorgeworfen, er mache ihm die Autorenschaft für einen bestimmten Theorieaspekt streitig und sehe im anderen nur sich selbst. An diesen Vorwürfen zerbrach die Freundschaft. Würde Freud im neuen Kreis die anderen mit ihren Beiträgen sehen und würdigen können? Oder würde der Resonanzraum zu einem Echo-Raum für Freuds Gedanken mutieren? Würde Freud in der Lage sein, die fruchtbaren Gedanken der Teilnehmer aufzugreifen und unter Nennung ihrer Urheberschaft zu integrieren?

Es geht hier um ein narzisstisches Phänomen, das wir im Alltag und auch in der Begegnung mit unseren Patienten erleben: Unser Gegenüber übernimmt etwas von uns, eine Meinung, eine Anregung. Er erklärt sich selbst zum Urheber und leugnet damit unsere Urheberschaft. Es ist ein „Kunstgriff", wie Alfred Adler gesagt hätte: Was der andere gesagt hat, das wäre mir doch auch so eingefallen! Der Stolz sagt: Es ist mir ja auch eigentlich selbst eingefallen, was der andere gesagt hat. Er hat es nur früher, vor mir gesagt. Neid und Selbstvorwurf spielen dabei eine Rolle: Dem anderen ist etwas eingefallen, was mir eigentlich hätte einfallen müssen. Wie kann ich nur so dumm sein!

Sigmund Freud hatte viel Eigenes geschaffen, hatte seine Träume analysiert und daraus die Anfänge eines psychodynamischen Konzeptes abgeleitet. Er sah sich als Eroberer von Neuland, als Archäologe der Seele. An der Entdeckung des Unbewussten haben viele mitgewirkt, Schriftsteller, Maler, Bildhauer, Musiker. Freud war nun der erste, der die Wirksamkeit des Unbewussten umfänglich und sprachlich exzellent systematisierte. Er bezog auch von Künstlern Geschaffenes in seine Überlegungen ein.

Aber er wollte der Erste sein, der Primus. Das war er in der Familie als Liebling der jungen Mutter und Namensnachfolger des Groß-

Sigmund Freud 1909 (wikimedia)

Alfred Adler (wikimedia)

vaters gewesen, das war er im Gymnasium als Primus der Klasse. Er wollte und musste auch im Kreis der Mittwochsgesellschaft dieser Primus sein. Er war der, der am Ende eines Mittwochabends noch einmal alles zusammenfasste und kommentierte. Alles musste auf seine Gedanken und Konzepte bezogen werden. Und je größer der Kreis um ihn wurde, umso vielfältiger wurden auch die Einlassungen der anderen und umso mehr war Freud bemüht, seine Theorie „rein" zu halten. Das Gold der Psychoanalyse sollte nicht mit minderwertigen Metallen anderer psychologischer Konzepte legiert werden.

Alfred Adlers Theoriekonzeption zum allgemeinen und pathologischen Narzissmus

Alfred Adler war ein eifriger Teilnehmer an den Mittwochabenden und meldete sich öfters zu Wort. Jahre spannender Diskussionen vergingen. Irgendwann fing man an, Sitzungsprotokolle zu verfertigen. Vor neun Jahren war man zum ersten Mal zusammengekommen, jetzt schrieb man das Jahr 1911. Alfred Adler hatte

sich eigene Gedanken gemacht und empfand Freuds Triebtheorie und auch seine Fixierung auf den ödipalen Konflikt als Einengung psychodynamischen Denkens. Er konnte zudem der vorwiegend intrapsychischen Perspektive und der mechanistischen Metaphorik Freuds wenig abgewinnen, betonte die Bedeutung des sozialen Miteinanders. Er weitete den Blickwinkel von der Eltern-Kind-Beziehung hin zur Geschwisterbeziehung, wobei er der Position innerhalb der Geschwisterschaft große Bedeutung beimaß. Er war ein Kind der Wiener Gassen, hatte dort in der Peergroup wichtige Erfahrungen gemacht. Und schließlich gab es in seiner Kindheit bedrängende Krankheits- und Todeserfahrungen.

Der Mindwertigkeitskomplex

Sein Gegenentwurf, den er nun in der Mittwochsrunde vortrug, war: Nicht die Lust und die damit einhergehenden Konflikte sind der Ausgangspunkt seelischer Entwicklung, sondern die grundlegende menschliche Erfahrung von Kleinheit, Unvermögen, Ohnmacht, Begrenztheit. Er nannte diese Position die

C. G. Jung 1909 (wikimedia)

Lassen wir Alfred Adler mit seinen Ausführungen in der Mittwochsrunde auszugsweise zu Wort kommen:

> Erinnern wir uns, wie verschieden sich die Äußerungen des kindlichen Organismus gestalten, und zwar, wo der Überblick noch am ehesten möglich ist, in den ersten Monaten. Die einen bekommen nie genug, die anderen verhalten sich recht gemäßigt bei der Nahrungsaufnahme, manche lehnen Änderungen in der Nahrung ab, andere wollen alles aufnehmen. Ebenso beim Sehen, Hören, bei der Exkretion, beim Baden, bei den Beziehungen zu den Personen der Umgebung. In den ersten Tagen schon fühlt sich das Kind beruhigt, wenn man es auf den Arm nimmt, Erziehungseinflüsse, die dem Kind den Weg ebnen, sind da von großer Tragweite. Schon in diesen ersten Anpassungen liegen Gefühlswerte gegenüber den umgebenden Personen. Das Kind ist beruhigt, fühlt sich sicher, liebt, folgt usw., oder wird unsicher, ängstlich, trotzig, ungehorsam. Greift man frühzeitig mit kluger Taktik ein, so resultiert ein Zustand, den man etwa mit sorgloser Heiterkeit, Versöhnlichkeit bezeichnen könnte [...] Erziehungsfehler [...] führen zu so häufigen Benachteiligungen des Kindes und zu Unlustgefühlen, dass es Sicherungen sucht.
> (Adler, Furtmüller, 1922, S. 80 f.)

„Minusposition", hatte das damit verbundene Gefühl als „Minderwertigkeitsgefühl" bezeichnet. Wir sprechen heute gerne von Insuffizienzgefühl, also einem Gefühl, unzureichend zu sein, den Aufgaben und Problemen, die das Leben stellt, nicht gewachsen zu sein.

Adler formulierte, diese Minusposition sei für uns Menschen ein beständiger Anreiz zur Überwindung, eine Herausforderung, um erfahrener, sicherer, mächtiger und größer zu werden, zu wachsen, in eine „Plusposition" zu gelangen. Adler hatte diese omnipräsente menschliche Bewegung als Kompensation bezeichnet, die ihr innewohnende Kraft eine schöpferische genannt. Wenn diese Bewegung vom Minus zum Plus gelingt, fühlen wir uns gut mit uns und gut in der Welt. Der Titel des Buches „Ich bin o.k., Du bist o.k." von Thomas N. Harris war vor Jahren in aller Munde. Er beschreibt das, was wir einen positiven Narzissmus nennen. Dieser findet seinen Ausdruck in Gefühlen von Zufriedenheit, Stolz und Freude, er gibt uns Mut und Zuversicht, den Lebensaufgaben gewachsen zu sein.

Mit seinen Überlegungen hatte Alfred Adler eine allgemeine Narzissmustheorie entworfen, ohne diesen Begriff mit Bezug auf den Narzissmusmythos der griechischen Mythologie zu verwenden. Wir Menschen sind nach Adlers Konzept immer in Bewegung nach oben: Der Säugling, der krabbeln lernt, das Kindergartenkind, das ein zweites Bild malt, weil ihm das erste nicht gefällt, das Schulkind, das mit einer guten Arbeitshaltung schulische Fortschritte macht. Denken wir an Pubertierende und Adoleszente, die einen oft krisenhaften Übergang zu bewältigen haben und daran wachsen, an Erwachsene, die vor Lebensaufgaben stehen: beruflicher Aufbau und berufliche Bewährung, Aufbau eines sozialen Netzes, Partnerschaft, Elternschaft, Alter, Tod. Darüber hinaus gibt es Lebenskrisen: berufliche Misserfolge, misslingende Beziehungen, Krankheiten, Unglücksfälle. Wir sind dann bedrückt, traurig, mutlos. Wenn wir narzisstisch stabil genug sind, geht es irgendwann wieder nach oben, gelingt es uns, uns mit unserer schöpferischen Kraft aus dem Tief herauszuarbeiten.

Adler hat darauf hingewiesen, dass diese „gesunde" narzisstisch-kompensatorische Bewegung von unten nach oben am sozialen Miteinander orientiert ist. Er hat dafür den Begriff des Gemeinschaftsgefühls verwendet, ein Gefühl der Verbundenheit mit den Menschen, der Natur, der Welt, das seinen Ursprung im Zärtlichkeitsbedürfnis des Kindes hat. Diese innere Verbundenheit reguliert und begrenzt das Streben nach Oben. Adler hat betont, dass seelische Gesundheit nur im menschlichen Miteinander zu verwirklichen ist, und hat damit vorweggenommen, was viele Jahrzehnte später psychoanalytisch als Selbstobjektbeziehung beschrieben wurde, als die Notwendigkeit eines liebenden und fördernden menschlichen Umfeldes von Eltern, Geschwistern, Partner, Kindern, Freunden, Kollegen, Nachbarn, Mentoren. Darüber hinaus hat Alfred Adler uns darauf verwiesen, dass wir Menschen in ein größeres ökologisches Ganzes eingebettet sind. Fast prophetisch klingt, was Adler bereits 1931 formuliert hat:

> Wir leben auf der Oberfläche unseres Planeten, angewiesen auf seine Rohstoffe, die Fruchtbarkeit seines Bodens, auf seinen Reichtum an Mineralstoffen, abhängig von seinem Klima, seiner Atmosphäre. Es war immer die Aufgabe der Menschheit, die rechte Antwort auf das Problem dieser uns vorgegebenen Bedingungen zu finden [...]
> (Adler 1931/1979, S. 8)

Machen wir gehäufte „Minus"-Erfahrungen ohne die Möglichkeit einer konstruktiven Bewältigung und ohne Hilfe eines wohlmeinenden, unterstützenden Umfeldes, fühlen wir uns entmutigt und hilflos. Ein unerträgliches Minderwertigkeitsgefühl macht sich in uns breit und verlangt nach Maßnahmen, die das Selbstwertgefühl stützen und sichern. Der

Abwärtsbewegung unseres Selbstwertgefühls begegnen wir mit einer ebenso heftigen Aufwärtsbewegung. Alfred Adler nannte diese Bewegung „Macht- und Geltungsstreben", ein Bestreben, sich selbst als überlegen zu positionieren und andere durch Abwertung in eine unterlegene Position zu befördern. Im modernen psychoanalytischen Jargon sprechen wir von Grandiositätsfantasien, die in unterschiedlichen Formen ihren Ausdruck finden. Alfred Adler hat sie als Überkompensation bezeichnet, als einen überschießenden „Kunstgriff" zur Regulation des Selbstwertgefühls, und hat programmatisch formuliert: „Neurose ist in erster Linie Sicherung", d. h. Sicherung eines gestörten narzisstischen Gleichgewichts.

Je heftiger der Selbstwerteinbruch ausfällt, desto heftiger ist der narzisstische Reparationsversuch. Dieser hat zwei entscheidende Nachteile: Erstens bindet er eine Menge an psychischer Energie, die wir anderswo gut und konstruktiv nutzen könnten. Alles in uns ist auf Selbstwertsicherung ausgerichtet, es gibt nur noch dieses eine Thema, nur noch diese eine Fiktion: Nie mehr unten, ohnmächtig, sondern immer oben, überlegen und sicher sein!

Adler hat anschaulich formuliert, der „Nervöse" sei an das Kreuz seiner Fiktion von Macht und Geltung geheftet, sein Blick auf die Welt verengt. Er hat den Kampf eines selbstwertverunsicherten Menschen mit der Metapher des Krieges, eines Krieges nach Innen und nach Außen, belegt und die psychischen Einschränkungen, die mit diesem Kampf einhergehen, als „Kriegskosten" bezeichnet.

Zweiter Nachteil des narzisstischen Reparationsversuchs ist, dass er immer etwas Instabiles und Brüchiges hat. Ein individualpsychologischer Kollege, G. Heisterkamp, hat vom „not-dürftigen" Charakter dieser Art von Selbstwertsicherung gesprochen und mit dieser Charakterisierung die narzisstische Not eines Menschen mit der Dürftigkeit seiner Sicherungsbemühungen verbunden. Diese Brüchigkeit bringt es mit sich, dass sich der Selbstwertverunsicherte immer von Neuem mit großer Anstrengung sichern und sich seiner selbst versichern muss. Es ist eine fiktive Sicherheit in der Unsicherheit.

Alfred Adler hat diese brüchige und wacklige Position mit der eines Menschen verglichen, der immer auf den Zehenspitzen steht.

Es ist anstrengend und man kommt kaum von der Stelle, doch man fühlt sich erhöht über die anderen Menschen.

Mit diesen Überlegungen hat Adler eine Theorie des psychopathologischen Narzissmus geschaffen. Das Gemeinschaftsgefühl weicht einem Streben nach Überlegenheit, aus einem Miteinander wird ein feindliches Gegeneinander. Nach den verheerenden Erfahrungen des Ersten Weltkriegs diagnostizierte Adler weitsichtig: „Es ist ein Kampf aller gegen alle." Denken wir daran, dass Kränkungen und damit verbundene narzisstische Konflikte auch heute in Politik und Gesellschaft eine große und manchmal destruktive Rolle spielen.

Ein Beispiel aus der psychotherapeutischen Praxis

Um Kampf und Krieg geht es auch im Kleinen. Ich denke da an eine meiner Patientinnen, eine qualifizierte, selbstständig arbeitende, engagierte, aber zu ihrem Leidwesen nicht genügend erfolgreiche Frau mit Familie und Kindern, die mich mit depressiven Symptomen und sozialen Ängsten aufsuchte.

Foto: peshkov (Adobe Stock 141996741)

Sie könne sich kaum auf die Straße wagen, habe Angst, die anderen würden schlecht über sie reden. Sie fühle sich als totale Versagerin, als habe sie alles im Leben falsch gemacht. Die Mutter habe die Brüder vorgezogen und habe sie immer mit anderen Mädchen verglichen, die schöner, erfolgreicher, ruhiger oder aufgeweckter gewesen seien. Die Mutter habe zwei Gesichter gehabt, habe nett sein können, vor allem, wenn andere dabei gewesen seien. Im kleinen Kreis sei sie dagegen abwertend und verächtlich gewesen. Der im Grunde weiche Vater habe sie oft mitgenommen bei seinen beruflichen Tätigkeiten. Er habe ihr viel von seinen Problemen mit der Mutter erzählt und gesagt, bei Konflikten lasse er die Mutter „in Watte laufen".

Um nicht unterzugehen, habe die Patientin immer gekämpft, vor allem im Studium. Sie habe sich beweisen wollen, dass sie doch etwas wert sei. Sie empfinde andere Menschen oft als Feinde, sei oft wütend. Sie könne es nicht leiden, wenn andere dummes Zeug redeten, könne dann auch schroff sein und aus der Rolle fallen. Andererseits tue sie alles, um zu gefallen, habe in verschiedenen Anstellungen bis zur Erschöpfung gearbeitet. Die Chefs hätten sie oft machen lassen und ihr viel zugetraut. Auch heute finde sie beim Arbeiten oft kein Ende.

Wir sehen hier einen Menschen mit massiven narzisstischen Verletzungen: auf der einen Seite die doppelgesichtige, selbst stark narzisstische Mutter in der Tradition überkommener Erziehungsideale, die die Geburt von Söhnen als persönliche Aufwertung und die Tochter als abzuwertende Rivalin erlebt. Eine Mutter, der man es nie recht machen kann, einen Vater, der seine Tochter als Frau-Ersatz missbraucht, und Eltern, die in Machtkämpfen verstrickt sind. Die junge Patientin wird nicht um ihrer

Foto: kuzmichstudio (AdobeStock 96025551)

selbst geliebt, sondern nur wertgeschätzt, wenn sie den hochgesteckten Erwartungen der Eltern entspricht.

Nicht durchgängig und altersgemäß befriedigte narzisstische Bedürftigkeit und vor allem durch Enttäuschung und Kränkung befeuerte narzisstische Wut kennzeichnen das Erleben und Verhalten der Patientin, die sich fühlt, als würde sie in Feindesland leben. Es herrscht Kampf und Krieg allerorten, in den Beziehungen und im Beruf. Andererseits ist sie angesichts ihres narzisstischen Hungers ausbeutbar, opfert für narzisstische Gratifikation im Beruf Freizeit und Eigeninteressen.

Und, wie sollte es anders sein, ist auch die Psychotherapie ein Ort des Kampfes. Die Patientin nimmt mich in Mutterübertragung wahr, als würde ich ihr immer sagen, wie sie zu sein habe und wie sie nicht sein solle. Sie beendet die analytische Therapie bei mir vorzeitig, kehrt dann zwei Jahre später zurück und neigt anfänglich wiederum dazu, die Therapie auszudünnen und zu verkürzen. Sie meidet die hilfreiche Abhängigkeit im therapeutischen Prozess, sucht immer wieder sichernde Zuflucht in einer Position kämpferischer Autarkie.

Durch meine Wertschätzung und eine intensive Auseinandersetzung im Rahmen der therapeutischen Beziehung hat die Patientin inzwischen privat und auch beruflich enorm profitiert. Die Therapie war für sie eine wichtige zwischenmenschliche Erfahrung mit einem wohlwollenden und verlässlichen Gegenüber, das sich auch durch die negative Elternübertragung nicht „abschrecken" lässt. Sie hat dadurch Vertrauen in sich selbst und Vertrauen in die Welt aufbauen können. Die Wut ist abgeebbt, ein Gefühl innerer Sicherheit ist eingekehrt. Eine gewisse Verletzlichkeit ist geblieben. Sie muss gut auf sich aufpassen.

Wertschätzung eines Menschen war etwas, was Alfred Adler am Herzen lag. Menschen, die ihn kannten, berichten, dass sie sich im Gespräch mit ihm oder als Zuhörer seiner Vorträge angenommen, wahrgenommen und wertgeschätzt fühlten. Er muss im persönlichen Kontakt auf die Menschen großen Eindruck gemacht haben.

Eine wertschätzende Beziehungserfahrung zwischen Patient und Therapeut ist eines der Hauptanliegen der Individualpsychologie Alfred Adlers. Verbunden damit ist die Forderung nach „Gleichwertigkeit", modern gesprochen: nach einer ausgewogenen horizontalen Beziehung innerhalb des therapeutischen Prozesses. Wir Psychotherapeuten wissen, wie schwer es manchmal ist, diesem Ziel gerecht zu werden, wenn die irritierenden gemeinsamen Erfahrungen im Rahmen des vertikalen, von Übertragung bestimmten Prozesses an uns Therapeuten „zerren" und uns zum Mitspieler zu machen drohen.

Noch einmal die Mittwochsgesellschaft: Narzisstischer Konflikt, Trennung und Frontenbildung

Gehen wir noch einmal mehr als ein Jahrhundert zurück, ins Jahr 1911. Alfred Adler hatte sein Konzept der Selbstwertregulation in der Mittwochsgesellschaft vorgestellt. Es war etwas ganz Neues, ganz Anderes als das bisherige freudsche Konzept.

Er hatte ein neues Haus neben das existierende imposante freudsche Theoriegebäude gesetzt. Sigmund Freud beklagte sich in seiner Erwiderung, dass alles in Adlers Theorie andere Namen hätte. Adler hatte Freuds Prioritätsansprüche verletzt. Was sich in der Folgezeit abspielte, war eine narzisstische Tragödie: Sigmund Freud war verwirrt angesichts des eigenständigen Entwurfs Adlers - und er war gekränkt. Er bewahrte zunächst Fassung, bezeichnete Adlers Ausführungen als „ehrenhafte Fehler". Aber er war nicht in der Lage, Adlers Gedanken als eine Bereicherung aufzunehmen und mit ihm in einen Diskurs zu gehen.

Der gekränkte Sigmund Freud konnte hassen und verfolgte jetzt Adler und die Seinen, die die Mittwochsgesellschaft verlassen hatten, mit seinem Hass. Man solle die Adlerianer, wenn man sie schon nicht meiden könne, so doch unfreundlich behandeln.

Die Trennung von Freud und Adler war ein Drama, wie es sich zwei Jahre später mit Carl Gustav Jung wiederholen sollte – in noch extremerer Form. Schließlich war Jung der erhoffte Kronprinz, der die Psychoanalyse aus der „jüdischen nationalen Enge" herausführen sollte, wie Freud formuliert hatte. Das Verhältnis der beiden war ungleich persönlicher gewesen als das von Freud und Adler. Und Jung hatte damals kein neues Theoriegebäude geschaffen, sondern lediglich die Libidotheorie erweitern wollen. Freuds Reaktion war schroff,

er brach mit Carl Gustav Jung und entzog ihm die Legitimation als Psychoanalytiker.

Nach Freuds Bruch mit Adler wurde das Selbstwert-Regulations-Paradigma Alfred Adlers nicht mehr wahrgenommen, Adler und sein Werk waren für die Freudianer „gestorben". Auch als Freud 1920, also neun Jahre nach der Trennung, den adlerschen Begriff des Aggressionstriebes aufgriff und als Todestrieb zum Gegenspieler des Lebenstriebes machte, blieb der Name dessen, der den Begriff in die Mittwochsrunde eingeführt und darüber publiziert hatte, unerwähnt. Ebenso wurde das adlersche Thema der Macht in der klassischen psychoanalytischen Schulrichtung verleugnet und marginalisiert.

Aber, um der Historie gerecht zu werden: Auch Alfred Adler und die ihm nachfolgenden Individualpsychologen gingen zeitweise nicht zimperlich mit Freud und seinem bahnbrechenden Werk um. Adler war gekränkt und durchtrennte durch zahlreiche Korrekturen in den Neuauflagen seiner Texte die Verbindung zu Freud und zur Psychoanalyse. Auf diesen Tatbestand hat Joachim Prandstetter, ein österreichischer Individualpsychologe hingewiesen.

Wie Freud und seine Mitstreiter die Adlerianer negierten, so verweigerten wir Individualpsychologen uns noch bis in die 1980er Jahre hinein dem freudianischen Gedankengut. Es war eine negativ-narzisstische Kollusion zwischen verfeindeten Fronten. Aus einem anfänglichen Miteinander war ein Gegeneinander geworden.

Heinz Kohuts Selbstpsychologie und die Rückkehr der Individualpsychologie in den Mainstream der Psychoanalyse

Umso verwunderter waren wir Individualpsychologen, als Heinz Kohut in der 1970er Jahren seine „Selbstpsychologie" präsentierte. Während mancher Freudianer diese Theorie als Verrat an der Triebtheorie und der Psychoanalyse insgesamt empfand, waren wir Individualpsychologen freudig überrascht. Es war ein Déjà-vu. Endlich wurde dem Thema Selbstwert und Selbstwertregulation der gebührende Platz eingeräumt. Die Zeiten hatte sich geändert, Heinz Kohut wurde nicht wie ehemals Alfred Adler und Carl Gustav Jung aus der Community ausgestoßen, sondern

komplexe

es begann ein intensiver, teils heftiger Diskurs zwischen den triebtheoretisch orientierten Traditionalisten und den selbstpsychologischen Neuerern.

Wir waren erstaunt über das ausgefeilte und praxisbezogene Konzept Heinz Kohuts, insbesondere über seine Ausführungen zu den narzisstischen Übertragungskonstellationen. Allerdings kränkte es uns, dass nirgendwo Bezug auf die Adlerschen Gedanken genommen wurde. Die Freude über die Veränderung der Psychoanalyse hin zu einer pluralistischen Psychologie überstieg jedoch die Kränkung.

Die Psychoanalyse bekam neben dem Trieb- bzw. Konfliktparadigma ein zweites Standbein, das Selbstwert-Regulations-Paradigma. Und nicht nur das Thema „Selbstwert", sondern auch das Selbst bzw. das Selbstempfinden wurde Gegenstand psychoanalytischer Reflexion.

Daniel Stern hat mit seinem Konzept der Selbstentwicklung einen wertvollen Beitrag zum Verständnis früher menschlicher Entwicklung geleistet. Als Fred Pine 1988 erstmals von vier Psychologien in der Psychoanalyse schrieb und damit den Pluralismus psychoanalytischer Konzepte dokumentierte, war manch strenger Freudianer entsetzt. Uns gab diese Entwicklung weg von der Orthodoxie hin zu einer theoretischen und praxeologischen Mehrstimmigkeit die Möglichkeit, wieder dorthin zurückzukehren, von wo wir gekommen waren. Und wir bekamen auch wieder Zugang zu zentralen freudschen Gedanken, so zu Übertragung und Regression.

1991 formulierte der langjährige Leiter des Alfred-Adler-Instituts Aachen-Köln und Vorsitzender der Deutschen Gesellschaft für Individualpsychologie Rainer Schmidt: „... ich begriff die Theorien von Freud und Adler nicht als ein sich ausschließendes Gegeneinander, sondern als Herausforderung zu einem Dialog."

Die alte Spaltung zwischen Adlerianern und Freudianern existiert inzwischen nur noch in wenigen Köpfen. Heute arbeiten wir zusammen, in den freien Praxen, den Ausbildungsinstituten, in den staatlichen Prüfungsgremien, in Super- und Intervision und in den psychoanalytischen Dachverbänden. Es war für die Individualpsychologie ein langer Weg vom ersten Narzissmuskonzept Adlers über den narzisstischen Konflikt zwischen den Gründer-

vätern und deren Schulen hin zu einer integrativen Entwicklung heutiger Zeiten.

Diese Geschichte mag ein Beispiel sein für die vielen Kränkungen und narzisstischen Konflikte, die die Geschichte der Humanwissenschaften durchziehen. Bevor Alfred Adler den Begriff „Individualpsychologie" aus der Taufe hob, mit dem er die unteilbare Ganzheit des Menschen und seine individuelle Einzigartigkeit betonen wollte, hatte er die neue Gruppe nach Verlassen der psychoanalytischen Vereinigung „Verein für freie psychoanalytische Forschung" genannt. Dieser Idee der freien Psychoanalyse fühlen wir uns heute verpflichtet.

Literatur

Adler, A., Furtmüller, C (1922). *Heilen und Bilden*. Berlin.

Leseempfehlungen für Interessierte

Adler, A., Furtmüller, C (1922). *Heilen und Bilden*. Berlin.

Adler, A. (1979). *Wozu wir leben*. Frankfurt a. M.

Bruder-Bezzel, A. (1998). *Geschichte der Individualpsychologie*. Göttingen.

Kluy, A. (2019). *Alfred Adler: Die Vermessung der menschlichen Psyche – Biographie*. München.

Lemm-Hackenberg, R. (2014): Einhundert Jahre danach – Zwei Kontrahenten und ihre Metaphern. Zur Metaphorik Alfred Adlers und Sigmund Freuds. *Zeitschrift für Individualpsychologie*, 39. Jg., S. 55-86.

Rieken, B. (Hrsg.) (2011). Alfred Adler heute. *Zur Aktualität der Individualpsychologie*. Münster.

Rainer Lemm-Hackenberg
Dipl.-Psych., Psychol. Psychotherapeut, Kinder- und Jugendlichenpsychotherapeut, Psychoanalytiker und Lehranalytiker DGIP/DGPT, langjähriger Mitarbeiter des Alfred-Adler-Instituts Aachen-Köln e.V. als Dozent, Lehranalytiker, Supervisor, Vorstandsmitglied, Leiter des Ausbildungsausschusses „Psychoanalyse", arbeitet in einer psychoanalytischen Praxisgemeinschaft in Köln.

Mephisto und das Geheimnis des Ego-Komplexes

Goethes *Faust* – Welttheater zwischen Mephistos Weltrevolution und Goethes Schöpfungsmodell

Alfred Messmann

Die Zukunft der Menschheit wird von der Schattenerkenntnis abhängen.
(C. G. Jung, GW 15, § 129)

Goethe war hellsichtig, sagt C. Wolf. „Dass die Zeit sich auf einen unlösbaren Widerspruch zubewegte, konnte er jedoch erst gegen Ende seines Lebens sehen, als die Umrisse der neuen Epoche, von Geld und Habgier, von den ungeahnten Möglichkeiten der modernen Maschinen zu neuem mörderischen Tempo angetrieben, immer deutlicher hervortraten und ihn um der dichterischen Wahrheit willen zwangen, Faust, die Hauptfigur seines Lebens, in ihren Bann zu stellen." (Wolf, 2012, S. 89)

Goethe wird von dem „velozifischen Zeitalter" (die Allianz der Eile mit Luzifer) sprechen und mit dem *Faust* seinem Publikum vor Augen führen, dass die Moderne „Mephistos Weltrevolution" (M. Jaeger) ist, die er zusammen mit seinen Gesellen, seinen Dämonen (Komplexe), in Szene setzt. Eine Tragödie erwartet uns, gezeichnet als die Geschichte von Faust, der, wie Prometheus einst zur Gottgleichheit getrieben, durch Mephistos Politik in die Fänge seiner unaufhaltsamen Zerstörung gerät und so das Gesicht der Moderne zu prägen beginnt, das wir bis heute kennen.

I. Goethes Schau und die Moderne als Welttheater: die Tragödie der westlich modernen Zivilisation.

Wir bedürfen der Unterweisung in der Kunst des Sehens. Dann wird das Unsichtbare plötzlich sichtbar.
(Hillman, 1996, S. 149 f.)

Begibt man sich auf die Spuren von Goethes *Faust* in die historische Phase des Epochenumbruchs hin zur Moderne, dann erlebt man einen Forschergeist, der zum Zweck der Welterkenntnis sich der Magie überantwortet und hier eine außergewöhnliche ganzkörperliche Imagination erlebt. Faust fühlt sich tief beseelt und hat den Eindruck, „*Ebenbild der Gottheit*" zu sein, *„ganz nah gedünkt dem Spiegel ew'ger Wahrheit"* (Goethe, 2004, S. 41). Im Status eines göttergleichen Erlebens zu sein, im Zustand des Glücks des Ewigen und Dauerhaften, diese Erfahrung wird Faust sein Leben lang prägen.

Und doch wird ihm diese Erfahrung nur als Illusion zuteil. Nur als ein Schauspiel. Sein „Übermenschentum" wird ihm zum Verhängnis. Es ist der Erdgeist, der ihn abstürzen lässt in den Status eines elendigen Wurms im Staub der Erde. Doch Faust lässt sich diese Erfahrung nicht nehmen. Gottgleich sein zu wollen, dies bleibt für ihn die Maxime seines Lebens, selbst noch zu dem Zeitpunkt, als er aufgrund seiner tiefen Enttäuschung bereit ist, aus dem Leben zu treten.

Hier, am Vorabend der Moderne, lässt Goethe uns bereits wissen, dass es dieser Anspruch einer gottgleichen Geschichtsmächtigkeit sein wird, mit der die Moderne die Bühne der Geschichte betreten wird. Für Goethe ist sein *Faust* Archäologie, Tiefenarbeit an den Wurzeln der menschlichen Existenz. Jetzt, wo Europa zum Ende des 18. Jahrhunderts einen tiefen Umbruch durchmacht, durch Revolutionen aufgerüttelt wird und mittels des Aufklärungsdenkens die Koordinaten absteckt für den Beginn einer völlig neuen Etappe der Menschheitsgeschichte, da schreibt Goethe seinen *Faust*, um mit ihm und durch ihn zu erkunden, welcher neue Mythos sich formt hinter all den vielfältigen politischen, wirtschaftlichen und geistigen Umwälzungen dieser Zeit.

In den Anfängen jener Epoche des Umbruchs lebt und arbeitet Goethe, sich selbst als Naturforscher, Politiker und Dichter verstehend, wie ein Seismograph, der alle Geschehnisse der Zeit sensibel aufnimmt und in seinen Werken verarbeitet. Was sind die wirksamen aber noch unbewussten Triebkräfte, die diese Zeit formen und ihr ihre Gestalt aufdrücken, die tieferen Gesetze der Evolution des Lebens? – das herauszufinden ist Goethes Anliegen.

Goethe verfasst seinen *Faust* als Welttheater, als Spiegel, ganz im Sinne von Shakespeare, für den die Kunst darin besteht, „dem eigenen Zeitalter und Wesen der Gegenwart seine Gestalt und Prägung" (Shakespeare, 2004, S. 147) aufzuzeigen. So hält Goethe der beginnenden Moderne den Spiegel vor und zeigt, dass sich jenseits des hellen Traums des aufklärerischen Zeitalters, unter der Hand mit der Industrialisierung das System des Kapitalismus formt, das auf Naturbeherrschung setzt und beginnt, eine Geschichte der Hybris zu schreiben.

Teufelspakt von Faust und Mephisto, Zeichnung von Julius Nisle (1812-1850) (wikimedia)

„Ob Goethe im tiefsten Inneren fühlte, ahnte, dass eine von Grund auf verkehrte Welt heraufkam?", fragt C. Wolf (2012, S. 93). Goethe ahnte dies; er sah die ersten Vorzeichen. Dank seiner ausgeprägten Anschauungs- und Imaginationskraft konnte Goethe imaginieren, wohin die Moderne ihren Weg machen wird.

II. Die Wette und das „Betriebsgeheimnis der Moderne": Mephistos Dämonen (Komplexe) als Treiber seiner Weltrevolution.

> Die Dämonen sind eben nicht wirklich verschwunden, sondern haben nur ihre Gestalt geändert. Sie sind jetzt unbewusste psychische Potenzen geworden.
> (Jung, GW 10, § 431)

Schon in der berühmten Wette mit Mephisto hat Goethe das „Betriebsgeheimnis der Moderne" (R. Safranski) eingebaut. Hier in der Wette treffen sie aufeinander: Faust, der Strebende, tatkräftig und selbstbewusst, von Goethe mit dem prometheischen Geist ausgestattet, selbst Rebell, wie Prometheus einst im Kampf gegen den Götterhimmel des Olymp, gibt seinem Gegenspieler unmissverständlich zu verstehen, dass er auf das Wettangebot seines Gegenspielers nur dann einwilligen wird, wenn es Mephisto gelingt, ihn erneut in den Zustand der Göttergleichheit zu versetzen, den er bereits in der magischen Imagination erlebt hatte: den Zustand von Dauer und des Glücks des ewigen Lebens. Erst ein solcher Zustand sei von der Qualität und der Schönheit, indem er, Faust, sich „selbst gefallen mag" (Goethe, 2004, S. 76) und sei es auch nur für einen Augenblick. Faust setzt die Zielmarke, den Maßstab, den es zu erreichen gilt und lässt seinem Gegenspieler freie Hand in der Wahl seiner Mittel.

Die Moderne startet im Anspruch der Hybris im Gewand des „Übermenschen". Nach dem himmlischen Plan, gesetzt im *Prolog des Himmels*, ist es der Alte, der seinem Knecht Faust mit Mephisto einen Gesellen zur Seite stellt. Mephisto muss nun, um sein Ziel der Herrschaft der Welt zu erreichen, alles tun, um Faust, den prometheischen Erbe, zu befriedigen. Ihn zum Gott machen! So treibt Mephisto Faust durch die Geschichte zu immer neuen Höchstleistungen an, wissend, dass der prometheische Geist erst dann Ruhe geben wird, wenn Faust den Zustand eines göttergleichen Lebens erheischen kann.

Mephisto bildet für Goethe daher einen zentralen Pol in der Dynamik der neuen Zeit. Mephisto ist der Antreiber, der Verführer, der Lügengeist. Er wird uns mit der Illusion umgarnen und uns suggerieren, als könnten wir eine Geschichtsmächtigkeit entfalten und unsere Geschichte nach unserem Willen ausrichten – als könnten wir die Herren der Welt sein, um selbst an die Stelle von Gott treten zu können.

Und Faust? Wie verhält der sich? Ironischerweise übernimmt er die Rolle von Mephisto. Mit dem Ja zur Wette kommt Faust in den Teufelskreis, dass alles, was er anstrebt, von ihm auch wieder negiert werden muss, weil jeder Zustand, den er erreicht, nie dem ersehnten Zustand des Augenblicks entspricht. Jedes erreichte Ziel ist zugleich wieder der Anfang. Es gibt kein Ankommen mehr.

Faust bleibt in dem Fluch des Absurden, immer wieder zu starten und doch nie anzukommen. Faust sitzt in der Falle seines eigenen Maßstabes! Faust kommt die Rolle des permanent Unzufriedenen zu, der ständig in Unruhe Begriffene, der zur Erfüllung seiner Sehnsucht getrieben ist, selbst Gott sein will und doch immer wieder von Neuem erleben muss, dass das Erreichte nicht reicht.

Faust wird süchtig nach dem, was er nicht hat. Hier haben wir den zweiten Pol in der Dynamik der Moderne. Das Thema der Sucht. Das Thema der nicht erfüllten Sehnsucht. Das Thema, das die Menschen in Unruhe versetzt, kein Verweilen mehr erlaubt, weil man ständig auf der Jagd nach dem Besseren und Höherem ist.

Die Wette ist daher beides: Fortschrittsmotor und Falle. Ein Sinnbild für die Paradoxie der Moderne, in der wir noch stecken. Beide puschen die Hybris in uns: zu diesem „immer mehr, immer weiter und größer". Beide befördern im Fortschrittsfieber den Wahn, der heute die globale kapitalistische Welt auszeichnet und die Koordinaten unserer Psyche absteckt.

Wie lautet nun das Betriebsgeheimnis der Moderne? Es ist, wie dies M. Jaeger herausgestellt hat, das Gesetz der „pausenlosen Negation des Gegenwärtigen" (Jaeger, 2010, S. 23). Es ist das Gesetz eines sich exponentiell hochschraubenden Teufelskreises, der sich der Steigerungslogik nach dem „immer Mehr" verschreibt und dies durch die permanente Negation des Gegenwärtigen immer wieder befeuert.

Schon in den 30er Jahren des letzten Jahrhunderts ist es C. G. Jung gewesen, der als Psychologe ein tiefes Verstehen zu Goethes Werk in der Aufdeckung der psychologischen Landkarte dieses Teufelspakts aufgezeigt hat. In seinem Beitrag mit dem Titel *Psychologie und Dichtung* ist ihm gerade Goethes Werk ein Beispiel dafür, was es heißt, wenn Literatur als Kunst einer visionären Art des Kunstschaffens folgt. Ein Dichter wie Goethe, so Jung, ganz dem Visionären verschrieben, „zerreißt den Vorhang, auf den die Bilder des Kosmos gemalt sind, von unten bis oben und eröffnet einen Blick in unbegreifliche Tiefen des Ungewordenen" (Jung, GW 15, § 141).

In dieser Perspektive der Schau hinter dem kosmischen Vorhang sieht Jung, dass Goethe die dämonische Struktur im Persönlichkeitsprofil von Faust und Mephisto vor Augen hat. Goethe sieht Fausts Besessenheit, angelegt im prometheischen Geist, seinen Suchtkomplex. Und er sieht Mephisto, Fausts Schatten, jene Figur, die, wie Jung schreibt, „alles personifiziert, was das Subjekt (Faust) nicht anerkennt und was sich ihm doch immer wieder – direkt oder indirekt – aufdrängt" (Jung, GW 9/1, § 513). „Mephisto in Goethes Faust", notiert der Jungianer M. Stein, „ist ein klassisches Beispiel für eine solche Schattengestalt". (Stein, 2009, S. 133)

Wir, die im Theater sitzen und das Faust-stück als Welttheater vor Augen haben, sollen sehen, dass die Geschichte der Menschen nach dem Skript dieser Kräfte geschrieben wird, dass Mephistos Weltrevolution einer Geschichtsdynamik folgt, die ohne die tiefere Sicht auf die dämonische Welt im Hintergrund nicht wirklich verstanden werden kann.

Auch sollen wir Mephistos große Anzahl der kleinen Gesellen kennen lernen, die ihm hörig und ihm bei der Durchsetzung seines Projekts behilflich sind: Es sind seine Dämonen. Seine Katalysatoren, die er braucht, um der Moderne das neue Gesicht einer Weltrevolution geben zu können. Die Dämonen sind Mephistos Masken, seine Instrumente zur Sicherung seiner Herrschaft in der Welt. Diese Dämonen haben Namen. Wir kennen sie alle, denn sie sind bis heute wirksam und haben von ihrer dämonischen Kraft bislang nichts verloren: Es ist das Geld, das Begehren als Triebsucht, die Angst, die Manipulation, die Geschwindigkeit, die Macht und die Gewalt.

Im Kontext der Psychologie Jungs haben wir es hier mit dem Phänomen der Komplexe zu tun. Komplexe, so Jung, kontaminieren das Bewusstsein der Menschen, individuell wie kollektiv. Sie agieren im Rahmen der individuellen Psyche als „abgesprengte Teilpsychen" (Jung, GW 8, § 204), als „kartesianische Teufelchen" (ebd. § 202) völlig autonom, setzen dabei den eigenen Willen außer Kraft und zeigen sich auf der kollektiven Ebene als geisterhaft fremdartig agierende Kräfte. (ebd., § 590 f.)

Meine These lautet: Im Lichte der Psychologie C. G. Jungs ist Goethes Mephisto als Komplexmacher auszumachen, der zusammen mit seinen „Teufelchen" sein Projekt der Weltrevolution befeuert. Ob Triebkomplex, Geldkomplex, Machtkomplex oder auch der Geschwindigkeitsrausch, alle Komplexe sind in Mephistos Machtspiel als Treiber zur Beförderung der Moderne im Einsatz. Als Katalysatoren von Mephistos dämonischer Kraft sichern sie in ihrer materiellen Ausrichtung eine Suchtstruktur.

Wie Goethe zeigt, haben sie in dieser Form von Besessenheit die Kraft, Faust mit seinem prometheischen Geist vom Streben nach dem Höheren, dem Göttlichen, in Richtung des irdischen zerstörerischen Programms der Hybris umzupolen. In Mephisto Worten nach Abschluss der Wette:

> Ihm hat das Schicksal einen Geist
> gegeben,
> Der ungebändigt immer vorwärts
> drängt,
> Und dessen übereiltes Streben
> Der Erden Freuden überspringt.

> Den schlepp' ich durch das wilde
> Leben,
> Durch flache Unbedeutenheit,
> Er soll mir zappeln, starren, kleben,
> Und seiner Unersättlichkeit
> Soll Speis' und Trank
> vor gier'gen Lippen schweben.
> (Goethe, 2004, S. 81)

III: Der moderne zerstörerische Ego-Complex – Mephistos Bewusstseinsdämon höherer Ordnung als kriegerische Variante des modernen Zeitgeistes

> Wenn man konstelliert ist, befindet man sich gleichsam im Griff eines Dämonen, einer Macht, die stärker ist als der eigne Wille.
> (Stein, 2009, S. 59)

Ob nun in der Gretchentragödie, im Akt der Geldschöpfung aus dem Nichts am Kaiserhof im Kontext der Durchsetzung der Weltherrschaft des Geldes am Vorabend der Moderne, ob nun beim Thema der Erzeugung des neuen Menschen aus der Retorte oder auch beim Projekt der Landgewinnung zu Beginn der Globalisierung als ein Akt der menschlichen Hybris im technokratischen Kampf gegen Natur und Menschen – in allen Phasen des Epochenumbruchs, in denen Goethe seinen Faust als Erkunder des Geschehens schickt, ist es Mephisto, der ihn mit seinen Dämonen unablässig fordert bis in den Wahn und so das Grundgesetz der Moderne befördert. Doch Mephisto will mehr. Er will sich selbst zum modernen zerstörerische Ego erschaffen, zu einem Bewusstseinsdämon höherer Ordnung, um dem neuen Zeitgeist allumfänglich die Aura der unaufhaltsamen Zerstörung einhauchen zu können.

Geboren wird dieser Bewusstseinsdämon in Arkadien, jenem in Griechenland ansässigen Raum, den Goethe als eine Alternative zum kapitalistischen Projekt der Moderne vorgesehen hat. Hier in Arkadien soll eine neue Zivilisation entstehen, die Krone der Schöpfung, ganz nach den schöpferischen Prinzipien der Natur mit Faust und Helena als Gründerfiguren. Die Wiedereinsetzung des Paradieses, ganz nach Sitte und Gesetz des griechischen Gottes Apollon, mit Helena, dem Urbild der

Foto: Peter Denovo (Adobe Stock 10772986)

Schönheit und des Weiblichen, das Faust aus dem kollektiven Unbewussten, aus dem Reich der Mütter, jenseits von Raum und Zeit, geborgen hat.

Ein Traum geht in Erfüllung. Doch dieser Traum entpuppt sich als Albtraum, als Euphorion, ihr Sohn, die Zierde der Schöpfung und Träger des apollinischen Lichts, besungen als „Künftige Meister allen Schönen" (Goethe, 2004, S. 374), im Rausch der Begierde des freien Flugs ähnlich wie Ikarus einem Todesimpuls folgt, noch im Absturz rufend: „Und der Tod ist Gebot." (ebd. S. 382). Mephisto war bei der Zeugung zugegen und hatte bei Euphorion ein zweifaches Programm implementiert: Helena und Fausts Sohn, von beiden als Träger der neuen Zeit verstanden, war in Wahrheit zum einen Träger des Destruktiven, ausgestattet mit den Motiven von Kampf, Krieg und Sieg, bereit zum Todessprung. Zugleich war er der Träger des neuen Dämons, der im Todessturz einem schlüpfenden Schmetterling gleich zur Entfaltung kam und von dem Chor, den Augenzeugen des Geschehens, mit den Worten beschrieben wird: dass er den „Vorteil Suchenden allen auch ewig günstiger Dämon sei." (ebd. S. 375).

Goethe lässt uns Zeuge werden, wie die Moderne durch Mephistos Kunstgriff auf das Niveau einer kriegerischen Moderne gebracht wird, für die die Ausbeutung von Natur, Kolonialismus sowie die Unterdrückung von Menschen zur Normalität wird. Denn dieser Dämon, nunmehr in der Sicht von Jung die Verkörperung des Schattens als allumfassende Bewusstseinsform, wird als Geist auch Fausts weitere Zukunft bestimmen. Goethe lässt seinen Protagonisten im Zuge des Aufbaus seines Landgewinnungsprojekts zum Frühkapitalisten werden, zum Fabrikherrn des 19. Jahrhunderts, ganz nach dem Vorbild von Saint-Simon, der nach der Julirevolution in Frankreich 1830 als neuer Prophet des industriellen Zeitalters gefeiert wird.

Hier, wo Faust seinen Expansionsbestrebungen folgt, auf Fortschritt setzt, Räume schaffen will für Millionen, dies sicherstellend auf dem Rücken seiner Arbeitssklaven, dabei vor Menschenopfer wie Philemon und Baucis nicht zurückscheut, da kommt zum Tragen, was durch die Linie der Wahnsinnigen wie Ikarus und Euphorion bereits vorgegeben war: dass der Dämon mit seinem Geist von Kampf

Krieg und Sieg nun auch zur Bewusstseinsform von Faust geworden war. Nur Fausts Wille zählt. Er ist das Gesetz! „Erhaben ist nicht Gott oder die unendliche Natur: erhaben will Faust selbst sein", notiert H. Böhme (1968, S. 223).

Das Grundgesetz der Moderne erreicht hier ein neues Niveau: Geht es doch nicht mehr nur um die Teufelsspirale der Steigerungslogik; hier wird von Goethe bereits kraft seiner Anschauungs- und Vorstellungskraft imaginiert, dass der Moderne ein Todestrieb innewohnt, dass die Zukunft der Moderne dem Pfad der Selbstzerstörung von Ikarus, Euphorion und nunmehr auch von Faust zu folgen hat. Noch in den letzten Tagen, kurz vor seinem Tod, lässt die „Sorge", eine der „grauen Weiber", Faust erblinden. Der Held der neuen industriellen Moderne ist mit seiner verheerenden Ichbezogenheit, seinem Größenwahn, sowie seiner Isolation fern jeglicher Verbundenheit einer fundamentalen Wahrnehmungsstörung ausgesetzt.

Faust hat jeglichen Kontakt zur Welt, zur Natur und zu den Menschen verloren. Der Schatten herrscht und Mephisto weiß, was es bedeutet, wenn Faust im Zustand seiner Bewusstseinsverblendung unaufhaltsam seinen Expansions- und Beherrschungsgelüsten nachkommt: Dem Publikum zugewandt, wird er das Geheimnis des Ego-Komplexes enthüllen und uns prophezeien, was kommen wird: „Auf Vernichtung läufts hinaus" (Goethe, 2004, S. 445).

IV. „Prinzip Helena". Goethes „Stein der Weisen" als „weibliche Psychologie" des Schöpferischen

Weltseele, komm uns zu durchdringen!
Dann mit dem Weltgeist selbst zu
ringen,
Wird unserer Kräfte Hochberuf.
(Goethe. Gedicht: Eins und Alles)

Und doch hat Goethe seinen *Faust* nicht als ein dystopisches Werk verfasst. Indirekt hat Goethe erste Hinweise auf einen Gegenentwurf zum Zerstörungswerk der Moderne gegeben. Es ist die Natur, die sich wehren wird. Neptun, der Gott des Meeres, hat schon Stellung bezogen und wird sich gegen Fausts kapitalistisches Ansinnen einer Naturbeherrschung stemmen. Ein Machtkampf steht ins Haus.

Faust und Helena,
Kunsthistorisches Museum Wien (wikimedia)

Dass dieser Machtkampf auch ein innerpsychischer Kampf ist, dies lässt sich anzeigen, wenn wir uns Jungs Einschätzung vor Augen führen, dass Goethes *Faust* ein zutiefst alchemistisches Werk ist. Und hier ist das Objekt der Begierde der „Stein der Weisen", jener Stein in der Tradition der Alchemie, den M.-L. v. Franz in ihren Forschungen über dieses Geheimnis als das „älteste Symbol für das Ewige, Dauerhafte im Menschen" ausgemacht hat, der tiefe Grund, aus dem der Mensch „seine Kraft zu leben bezieht" (Franz, v., 2007, S. 202). In dieser Lesart will Faust den „Stein" besitzen; er will den göttergleichen Status.

H. C. Binswanger hat in seiner ökonomischen Interpretation von Goethes *Faust* mit dem Titel *Geld und Magie* in Fortsetzung von Jungs Einschätzung den Nachweis geliefert, dass das Betriebsgeheimnis der Moderne alchemistischer Natur ist und dass es Goethe gelungen ist, im *Faust* dies erkannt zu haben: In „Fausts ökonomischer Sendung", so Binswanger, ist von Goethe das moderne Kapital als ökonomischer „Stein der Weisen" aufgedeckt worden. Hier hat Mephistos Geld-, Gewalt- und Machtkomplex ganze Arbeit geleistet. „Fausts Unternehmen ist zum Weltplan der Wirtschaft geworden." (Binswanger, 2009, S. 51).

Zugleich sei Goethe aber auch bewusst geworden, dass die von ihm favorisierte ästhetische Vision einer anderen Moderne nicht hat gelingen können. Für Goethe sollte vor allem die Kunst der „Stein der Weisen" sein, das „Prinzip Helena", der Hebel für den Aufbau einer menschenwürdigen Zivilisation. Das „Prinzip Helena" als die Verkörperung von Schönheit und Weiblichkeit als Ausdruck von Lebendigkeit, verbunden mit der schöpferisch-weiblichen Kraft.

Vermutlich haben wir hier heute anzusetzen, dieses Modell gegenüber dem Machbarkeitswahn der globalen Moderne zum Durchbruch zu verhelfen. Gerade heute, wo wir erneut mit dem Thema der Gottgleichheit konfrontiert sind, vertreten durch den Transhumanismus im Zuge der Entwicklung der Künstlichen Intelligenz in Verbindung mit den molekularbiologischen Veränderungen im Bauplan unseres Menschseins.

Im *Homo Deus* (Y. Harari) hat der Weltgeist Fausts Machbarkeitswahn in seine aktuelle Fassung gebracht.

Wir hätten anzuknüpfen am „Prinzip Helena", an dem Gesetz der Lebendigkeit schlechthin, das alles, was lebt, miteinander verbindet und in Schwingung hält. Helena steht daher für das Lebenserhaltungsgesetz des Lebendigen, ein Überlebensprinzip, für Goethe der Kern der Weltseele. „Die Psychologie des Schöpferischen ist eigentlich weibliche Psychologie", notiert Jung, „denn das schöpferische Werk wächst aus unbewussten Tiefen empor" (GW 15, § 159).

Dass wir selbst gefordert sind, den ästhetischen „Stein der Weisen" zum Durchbruch zu verhelfen, dass uns dabei „unserer Kräfte Hochberuf" im Ringen mit Mephistos Zeitgeist der Moderne abverlangt wird, dies hat Goethe nicht nur *im Faust* zum Ausdruck gebracht.

Literatur

Binswanger, H. C. (2009). *Geld und Magie. Eine ökonomische Deutung von Goethes Faust.* Hamburg.

Böhme, H. (1968). Eros und Tod im Wasser. Das Wasser bei Goethe. In: H. Böhme (Hrsg.), *Kulturgeschichte des Wassers.* Frankfurt am Main.

Goethe, J. W. v. (2005). *Faust.* Hrsg. von A. Schöne Frankfurt am Main.

Franz, von, M.-L. (2007). *C. G. Jung. Sein Mythos in unserer Zeit.* Küsnacht.

Hillman, J. (1996). *Charakter und Bestimmung.* München.

Jaeger, M. (2010). *Global Player Faust oder Das Verschwinden der Gegenwart. Zur Aktualität Goethes.* Berlin 2010.

Jung, C. G. (1971). *Allgemeines zur Komplextheorie.* GW 8. Olten.

Jung, C. G. (1976). *Bewusstsein, Unbewusstes und Individuation.* GW 9/1. Olten.

Jung, C. G. (1972). *Psychologie und Dichtung.* GW 15. Olten

Shakespeare, W. (2004). *Hamlet.* Köln 2004.

Stein, M. (2009). *C. G. Jung s Landkarte der Seele.* Düsseldorf.

Wolf, C. (2012). Nachdenken über den blinden Fleck. In: C. Wolf. *Rede, dass ich dich sehe.* Berlin.

Alfred Messmann
Dr. phil., Studium in Erziehungswissenschaft in Münster. Ausgebildet in Kommunikationspsychologie und der Prozessorientierten Psychologie (Traumkörperarbeit) nach A. Mindell in der Tradition der Psychologie C. G. Jungs in Zürich/Schweiz. Ehemals Dozent an der Hochschule der Künste Berlin. Forschungs-, Lehr- und Autorentätigkeit auf dem Gebiet der Psychologie des „kreativ Schöpferischen" in der Geschichte der Moderne. Seit 1995 tätig als selbstständiger Coach, Prozessmoderator und psychologischer Begleiter für Tiefenprozesse.

Brief an den Vater

*Ich sage ja natürlich nicht, daß ich das, was ich
bin, nur durch Deine Einwirkung geworden bin.
Das wäre sehr übertrieben
(und ich neige sogar zu dieser Übertreibung).
Es ist sehr leicht möglich, daß ich, selbst wenn
ich ganz frei von Deinem Einfluß aufgewachsen
wäre, doch kein Mensch nach Deinem Herzen
hätte werden können.*

Franz Kafka

komplexe

„Auch wenn es hart für dich ist …"
Vom Umgang mit einem zerstörerischen Vaterkomplex aus der Sicht eines Märchens

Gidon Horowitz

Abb.: Buchillustration von Errol le Cain

Was haben Märchen mit Komplexen zu tun? Nun, es gibt viele verschiedene Arten, Märchen zu betrachten. Ein Blickwinkel ist der tiefenpsychologische. Wir können z. B. einzelne Symbole, die im Märchen auftauchen und die uns berühren, näher betrachten. Wir können – objektstufig – versuchen, im Märchen Geschildertes mit dem eigenen Alltag und dem eigenen Lebensweg in Verbindung zu setzen. Wir können überlegen, welche archetypischen Kräfte und Muster hinter den Gestalten und Geschehnissen erkennbar werden. Und wir können – subjektstufig – das Märchen als innerseelisches Geschehen einer imaginären Person betrachten und uns überlegen, wie dieser Mensch sein könnte. Bei einer solchen subjektstufigen Betrachtung können die im

Märchen auftretenden Wesen als Bilder für die gerade aktiven Komplexe dieser fiktiven Person verstanden werden.

Ich möchte hier das schottische Märchen *Maol a Chliobain* betrachten, in dem eine junge Frau einen mörderischen Riesen überwindet, und dabei vor allem die subjektstufige Sichtweise in den Vordergrund stellen. Da dieses Märchen wenig bekannt ist, fasse ich es in einzelnen Abschnitten zusammen, zu denen ich dann – ohne Anspruch auf Vollständigkeit – einige Überlegungen beitrage.

Die Ausgangssituation:
Die Witwe und ihre drei Töchter
Eine arme Witwe hat drei Töchter. Als sie herangewachsen sind, wollen die drei in die Welt

ziehen. Die Mutter bäckt drei Brote und fragt jede der Töchter:

"Was möchtest du lieber, den größeren Teil vom Brot und meinen mütterlichen Fluch oder den kleineren Teil vom Brot und meinen mütterlichen Segen?" -

Die beiden älteren Töchter wählen den größeren Teil vom Brot und den Fluch, die jüngste, Maol a Chliobain wählt den kleineren Teil und den Segen. Sie bekommt den Segen der Mutter und das ganze Brot.

Nun machen sich die drei Schwestern auf den Weg. Aber die beiden Älteren wollen die Jüngste nicht dabei haben. Drei Mal binden sie das Mädchen fest, zuerst an einem Felsen, dann an einem Torfstapel und zuletzt an einem Baum. Aber der Segen der Mutter befreit sie immer. So gehen sie schließlich zu dritt weiter.

Die Witwe mit ihren drei Töchtern – bei einer solchen Ausgangssituation fehlt der Vater: Er ist gestorben, und es wird überhaupt kein Mann erwähnt. Subjektstufig betrachtet könnte man sich einen Menschen vorstellen, der oder die sehr stark vom Mütterlichen, vom Mutterkomplex dominiert wird. Der Vater mag real noch am Leben sein, aber er spielt im Alltag keine Rolle, er ist abwesend, wie tot.

Wie ist nun diese Mutter? Sie ist bereit, ihre Töchter gehen zu lassen, sie hängt sich nicht an sie. Das ist für eine Witwe nicht selbstverständlich. Wenn der Partner gestorben oder seelisch abwesend ist, sind die Kinder die nächsten Angehörigen, und sie bekommen oft unausgesprochen die Aufgabe übertragen, den fehlenden Partner zu ersetzen. Das scheint bei dieser Mutter nicht der Fall zu sein. Sie wirkt eigenständig und sie stellt die Töchter auf die Probe. Was ist denen wichtiger, das Brot oder der mütterliche Segen? Hier zeigen sich nun unterschiedliche Haltungen bei den Töchtern, was man auf der subjektstufigen Ebene als Ambivalenz oder sogar als inneren Konflikt verstehen kann.

Die beiden Älteren wollen mehr Brot. Brot ist Grundnahrung, die das Leben erhält. Damit hat es auch etwas Heiliges: Brot wegzuwerfen gilt nach wie vor vielen Menschen als Sünde. Darüber hinaus hat es auch eine spirituelle Dimension. Es spielt bei manchen religiösen Ritualen eine wichtige Rolle (z. B. Segen über das Brot am Sabbat in jüdischen Familien, Kommunion in christlichen Kirchen). Das Brot ist also sehr wertvoll. Es ist allerdings etwas Materielles, Irdisches. Es braucht fruchtbare Erde, Sonne und Wasser im richtigen Maß sowie die Arbeit vieler Menschen, bis aus dem Samenkorn ein knuspriges, duftendes Brot entsteht. Durch den Anbau von Getreide konnten mehr Menschen zuverlässiger ernährt werden als durch die Jagd und das Sammeln von Beeren oder Früchten. Gleichzeitig wurde dadurch die Sesshaftigkeit gefördert.

Man könnte also sagen, dass die beiden älteren Schwestern im Märchen, denen das Brot wichtiger ist als der mütterliche Segen, nicht nur das Materielle wählen, sondern auch Sicherheit und Sesshaftigkeit. Mit einer solchen Einstellung in die Welt ziehen zu wollen, erscheint beinahe schon widersprüchlich.

Der mütterliche Segen hat eine ganz andere Qualität. Er ist nicht fassbar, nicht materiell, auch nicht an eine spezielle Religion gebunden. Er ist universell und hat eine ungeheure Wirkung. Er ermöglicht nahezu alles. Man könnte sagen, dass dieser Segen subjektstufig einem positiven, lebensfördernden Mutterkomplex entspricht. So ist es ganz stimmig, dass die Gesegnete zum Segen auch das ganze Brot bekommt.

Ich habe den Eindruck, dass das Märchen den Wert dieses Segens vermitteln möchte, und dass auch die Mutter im Märchen diesen Segen viel wertvoller findet als das Brot. Der Segen ist viel grundlegender, er erhellt und erhält das ganze Leben. Die von der Mutter angebotene Auswahl – größerer Teil vom Brot und mütterlicher Fluch – macht diese Einstellung ganz deutlich. In diesem Zusammenhang finde ich es auffallend, dass an keiner Stelle im Märchen die Mutter einen Fluch gegenüber den beiden älteren Töchtern ausspricht.

Aber vielleicht steckt schon hinter der Einstellung der beiden Älteren so etwas wie ein Fluch. Hinter ihrem Wunsch nach Sicherheit und Festhalten könnte ein negativer Mutterkomplex stehen, der dem Kind Angst macht vor der Welt und dem Leben. Dadurch wird das Kind festgehalten und an seiner Entwicklung gehindert. Es wird oft zu einem braven und ängstlich angepassten Menschen. Auf der subjektstufigen Ebene würde die innere Ambivalenz des vorgestellten Menschen somit einem Konflikt zwischen den beiden Polen des Mutterkomplexes entsprechen, dem positiven, lebensfördernden und dem negativen, festhaltenden und einengenden.

Die beiden älteren Töchter sind zwei, das heißt, die ihnen entsprechende Einstellung ist zunächst wohl vorherrschend. Sie versuchen, die Jüngste loszusetzen, sie festzusetzen (was einer Abspaltung durch den fesselnden, einengenden negativen Mutterkomplex entsprechen würde), aber das gelingt ihnen nicht. Der Segen der Mutter erweist sich als stärker. Schließlich geben die beiden Älteren ihren Widerstand auf, und die drei gehen gemeinsam. Subjektstufig gesehen, wird damit der positive Mutterkomplex angenommen und integriert, wenn auch vielleicht widerwillig. Er wird sich im weiteren Verlauf als lebensnotwendig erweisen.

Der tiefe Wald und das Haus des Riesen
Die drei Mädchen kommen in einen Wald, es wird Nacht. Sie entdecken ein Licht, gehen dorthin und kommen zum Haus eines Riesen. Sie werden aufgenommen und erhalten Schlafplätze in der gleichen Kammer wie die drei Töchter des Riesen. Alle schlafen ein, nur Maol a Chliobain bleibt wach. In der Nacht kehrt der Riese heim. Er riecht die fremden Mädchen. Er schläft erst ein, wacht dann aber durstig auf und verlangt zu trinken. Da kein Wasser im Haus ist, befiehlt er seinem kahlen, rauhäutigen Knecht, eines der drei fremden Mädchen zu schlachten und ihm ihr Blut zu bringen. Der Knecht fragt, wie er die Mädchen in der Dunkelheit von den Töchtern des Riesen unterscheiden soll. Der Riese antwortet: „Meine Töchter tragen Bernsteinketten um den Hals, die fremden Mädchen aber Schnüre aus Rosshaar." -

Maol a Chliobain hört das. Sofort vertauscht sie die Halsketten, dann legt sie sich wieder hin und stellt sich schlafend. Der Knecht kommt, schlachtet eine der Töchter des Riesen und bringt dem Riesen das Blut. Der Riese ist sehr durstig, die beiden anderen Töchter werden auch geschlachtet ... Nun packt Maol a Chliobain ihre beiden Schwestern auf den Rücken und läuft davon.

Der nächtliche Wald, in dem kaum etwas zu sehen ist, in dem wilde Tiere hausen und un-

heimliche Laute von sich geben, erscheint mir als sehr stimmiges Bild für das Unbewusste. Und dort begegnen die Mädchen dem Männlichen, das bei ihnen zu Hause nicht da war, dem Vater, der hier als blutrünstiger Riese erscheint. Von einer Frau des Riesen ist keine Rede, er lebt ohne Partnerin, wie die Witwe am Anfang des Märchens ohne Partner war.

Subjektstufig könnte man sagen, dass bei dem vorgestellten Menschen hinter dem im Bewusstsein vorherrschenden Mutterkomplex ein riesiger Vaterkomplex erscheint, der sehr bedrohlich, ja mörderisch wirkt. Komplexe, die tief ins Unbewusste verdrängt wurden, nehmen oft eine dämonische Form an. Der Knecht im Märchen verstärkt die Kraft des Riesen noch. Beide, Riese wie Knecht, haben keinerlei Skrupel, die Gastfreundschaft zu verletzen und die drei Mädchen im Schlaf zu ermorden.

Das zeigt auch, wie wenig bezogen diese Seite ist. Subjektstufig könnte man sagen, dass das Ich in dieser Zeit der ersten Begegnung mit dem Riesen-Vaterkomplex bedroht ist, von den Inhalten des Unbewussten überwältigt, ausgesaugt und vernichtet zu werden. Würde dieser unbewusste, unbezogene und auch mörderische Vaterkomplex das Ich besetzen, dann könnte sich das z. B. in einer sehr entwertenden Haltung sich und anderen gegenüber ausdrücken, wie z. B. in kaltem Zynismus oder auch in tiefer Verbitterung.

Aber im Märchen gibt es noch die jüngste Tochter, die Gesegnete. Sie ist wach, listig und ebenfalls skrupellos. Sie ist eben nicht brav und angepasst – und das ist hier auch notwendig fürs Überleben. Durch das Vertauschen der Halsketten begeht sie den ersten Raub in diesem Märchen. Dabei geht es aber nicht in erster Linie um die geraubten Kostbarkeiten, sondern um die Rettung des Lebens. Mit dem Vertauschen der Ketten liefert die Jüngste die drei Töchter des Riesen ans Messer. Wie können wir das subjektstufig verstehen?

Wir haben bei dem vorgestellten Menschen eine innere Ambivalenz festgestellt, einen Konflikt zwischen den beiden Polen des Mutterkomplexes. Die Töchter des Riesen entsprechen vielleicht inneren Schattengestalten, die an den Vater gebunden sind. Auch sie sind tief im Unbewussten, und durch ihre Bindung an den Vater mit seinen mörderischen Zügen könnten sie vielleicht Mitleid mit ihm haben und dadurch eine wirkliche Abgrenzung dem Vater gegenüber verhindern.

Derartiges Mitleid ist bei Opfern von Übergriffen nicht selten zu beobachten. Es schützt den Täter vor dem unbändigen Zorn der Opfer und hindert diese daran, sich zu wehren und zu befreien. Sie bleiben dem Täter ausgeliefert. Die Gesegnete, vom positiven Mutterkomplex Getragene kennt dieses Mitleid nicht. Die innere Vatertochter wird geopfert, damit das eigene Leben weitergehen und das eigene Wesen sich entfalten kann.

Der Fluss und die magische Brücke

Der Riese merkt schließlich, was geschehen ist, und verfolgt sie. Das Mädchen erreicht einen breiten Fluss, macht aus einem ihrer Haare eine Brücke und kann den Fluss überqueren. Der Riese kann das nicht, er muss am anderen Ufer bleiben.

Er brüllt: „Du bist drüben, Maol a Chliobain!"

Sie antwortet: „Ja, ich bin drüben, auch wenn es hart für dich ist."

Er: „Du hast meine drei kahlen Töchter getötet!"

Sie: „Ich habe sie getötet, auch wenn es hart für dich ist."

Er: „Wann wirst du wiederkommen?"

Sie: „Wenn mein Weg mich wieder zu dir führt."

Der Fluss stellt eine Grenze dar, die für den Riesen unüberwindlich ist. Die Gesegnete aber kann – durch magische Kräfte – eine Brücke über den Fluss errichten. Sie schafft es mit ihrem Haar, das vielleicht ein Bild ihrer geistigen Kräfte ist, die beiden Ufer des Flusses zu verbinden, hinter denen wir subjektstufig den unbewussten und den bewussten Bereich sehen können. Das Haar kann auch mit Erotik zu tun haben.

In diesem Zusammenhang finde ich es auffallend, dass die Töchter des Riesen als kahl beschrieben werden. Sie haben keine Haare, keine derartigen Kräfte. Auch der Riese wird sich im weiteren Verlauf des Märchens als wenig geistreich herausstellen, und von Eros ist bei ihm auch nichts zu spüren. Der Fluss ermöglicht es, sich gegenüber dem mörderischen Riesen abzugrenzen.

Nur die Jüngste, die Gesegnete, hat die Möglichkeit, die beiden Ufer, Bewusst und Unbewusst, zu verbinden. Damit vermag sie, Inhalte des Unbewussten ins Bewusstsein zu bringen, so dass diese dem Menschen zur Verfügung stehen. Der Fluss vermittelt auch, dass das ganze Leben „im Fluss" ist, in steter Veränderung. Nichts bleibt, wie es war, das Leben lässt sich nicht festhalten. Die beiden älteren Schwestern wären wohl mit ihrer Einstellung am Fluss gescheitert, die Jüngste aber, die Gesegnete, ist offen für Veränderung und geht ihren Weg. Der Riese muss passiv abwarten, bis sie wieder zu ihm kommen wird. Das Bild am Fluss zeigt, wie ohnmächtig dieser Riese im Grunde ist, trotz all seiner gewaltigen Größe.

Der Wortwechsel zwischen den beiden drückt diese Abgrenzung ebenfalls sehr klar aus. Maol a Chliobain argumentiert keinen Augenblick. Sie rechtfertigt sich nicht und versucht nicht, ihren Anteil am Geschehenen zu relativieren. Sie sagt nicht, dass der Knecht die Töchter des Riesen getötet habe. Sie greift den Riesen auch nicht an wegen seiner Verletzung der Gastfreundschaft. Sie steht voll und ganz zu ihrem Handeln und zu seinen Konsequenzen. Damit aber wird sie für den Riesen unangreifbar.

Durch den Zusatz „Auch wenn es hart für dich ist", den sie wie ein Mantra bis zum Ende des Märchens wiederholen wird, drückt sie aus, dass sie das Leid des Riesen durchaus sieht. Aber sie nimmt es billigend in Kauf und mutet es ihm zu. Sie ist unerbittlich. Der Riese wollte sie und ihre Schwestern umbringen lassen. Sie hat sich gewehrt und dadurch den Tod der Töchter des Riesen herbeigeführt. Wie oft stellen sich Aggressoren, gegen die man sich zu wehren wagt, als Opfer dar? Sie verdrehen die Tatsachen, versuchen Mitleid zu erregen und ihre Opfer zu beschuldigen…

Maol a Chliobain lässt sich keine Schuldgefühle einreden. Sie ist bereit, als „die Böse" dazustehen. Eine solche Haltung wirkt befreiend, sowohl für die Heldin des Märchens als auch für uns, die wir das Märchen hören, lesen oder erzählen. Auch innerseelisch, im Umgang mit lebensfeindlichen Komplexen, weist diese abgrenzende Haltung einen Weg. Es ist in der Regel völlig sinnlos, mit lebensfeindlichen Komplexen zu argumentieren – sie haben die besseren Argumente. Auseinandersetzung mit dem Unbewussten bedeutet in diesem Fall zu erkennen, wie solche Komplexe gerade wirken, und sich dann klar dagegen abzugrenzen.

Wenn sich z. B. jemand übergriffig verhält und ich mich dagegen abgrenzen möchte, dann bedarf es auch der klaren Abgrenzung gegenüber den inneren Anteilen, die für den Ausbeuter eintreten und finden: „Sei doch nicht so kleinlich!" oder „Du verletzt ihn oder sie …" Das klare „Ich grenze mich ab, auch wenn es hart für ihn oder sie ist!" kann in solchen Situationen sehr hilfreich sein.

Der Bauer und seine drei Söhne

Am anderen Ufer begegnen die drei Mädchen einem Bauern mit seinen drei Söhnen. Er ist bereit, seine Söhne mit den drei Schwestern zu verheiraten, wenn Maol a Chliobain ihm dafür einiges vom Riesen bringt: den feinen goldenen und den groben silbernen Kamm für die Hochzeit der Ältesten, das Lichtschwert des Riesen für die Zweite, und schließlich noch den Bock des Riesen für Maol a Chliobain selber. Die beiden ersten Male gelingt ihr der Raub, wobei sie beim zweiten Mal den Knecht des Riesen, der das Lichtschwert trägt, in den Brunnen wirft. Der Riese erreicht sie jeweils erst, als sie wieder am anderen Flussufer ist, und dann beginnt der Dialog wieder von vorne. Er wirft ihr all ihre Missetaten vor, und sie gibt sie ohne jedes Zögern zu und fügt jeweils hinzu: „Auch wenn es hart für dich ist."

Mit dem Bauern und seinen drei Söhne begegnet den drei Schwestern das Männliche und Väterliche in menschlicher Gestalt, nicht mehr riesenhaft überhöht, sondern auf Augenhöhe. Mit diesem Männlichen wird dann eine Verbindung möglich. Es regt an, Schätze des Riesen zu holen. Objektstufig gesehen, ist das skrupelloser Raub, zudem mit Mord an dem Knecht verbunden. Der Riese wird nach und nach all seiner Schätze beraubt. So betrachtet, ist das Verhalten von Maol a Chliobain grausam, verbrecherisch und völlig amoralisch. Und doch haben viele Menschen Freude daran und identifizieren sich mit der Heldin. Warum ist das so?

Das Erleben von Ohnmacht und Ausgeliefertsein ist eine archetypische Erfahrung, die Menschen zu jeder Zeit widerfahren kann,

sowohl in ihren privaten Beziehungen wie in einer Ausbildung oder im beruflichen Umfeld. Viele Menschen wagen es nicht, sich gegen Übergriffe und Demütigungen zu wehren, sie haben Angst vor Rache oder davor, andere zu verletzen, die es „doch nur gut meinen". Damit lassen sie sich seelisch einsperren. Solche Menschen fühlen sich durch die klare und schonungslose Haltung von Maol a Chliobain bestärkt. Sie lernen sich zu wehren – auch wenn es hart für die anderen ist.

Die subjektstufige Betrachtungsweise bringt hier noch weitere wesentliche Gesichtspunkte: Fähigkeiten, die vom riesigen negativen Vaterkomplex im Unbewussten besetzt sind, werden nach und nach ins Bewusstsein geholt und damit dem Menschen zur Verfügung gestellt. Was wird da nun aus dem Unbewussten geholt? Die beiden Kämme, der feine goldene und der grobe silberne, können als Schmuck gesehen werden, in Verbindung mit Attraktivität und Erotik. Wenn diese Seite eines Menschen vom zerstörerischen Vaterkomplex dominiert wird, dann wird es ihm oder ihr sehr schwerfallen, Eros zu erleben. Erotische Regungen oder gar Begegnungen werden dann z. B. als „unmoralisch" oder „verwerflich" abgelehnt.

Die Zähne des Kammes werden zudem oft in Verbindung mit Lichtstrahlen (oft der Sonne) gesehen. Hier könnte der feine goldene Kamm mit dem Licht der Sonne, der grobe silberne mit dem Licht des Mondes in Verbindung gesehen werden. Hinter den Kämmen erscheinen somit kosmische Kräfte, die auch eine spirituelle Dimension haben – wie auch Eros eine solche kosmische Kraft ist, die weit über das rein Körperliche hinausreicht.

Der kahle, rauhäutige Knecht scheint beim Riesen „der Mann fürs Grobe" zu sein, er hat ja auch die drei Mädchen geschlachtet. Er steht vielleicht für die brutale, gewalttätige Seite des Männlichen. Er stirbt im Brunnen, der mit seinem Wasser oft als lebensspendend angesehen wird, aber auch ein Tor zur anderen Welt sein kann. Dieser Knecht trägt das Lichtschwert des Riesen. Es kann unbarmherzig zuschlagen, tödlich verletzen.

Symbolisch kann es auch mit klaren Gedanken in Verbindung gebracht werden, die erhellen, aber auch sehr verletzen können. So können die Kämme mit Eros und das Lichtschwert mit Logos in Verbindung gesehen werden. Der Bock des Riesen, der als drittes geholt werden soll, steht vielleicht für Willenskraft, lebendige Energie, sexuelle Potenz und auch Sturheit. Indem der vorgestellte Mensch diese Fähigkeit entwickelt, integriert er oder sie etwas von der eigenen männlichen Seite und lernt, den eigenen Willen zu vertreten, eigensinnig zu sein. Zudem will er oder sie nicht nur schön und attraktiv sein, wie mit den Kämmen, sondern auch wild und animalisch. Es können also durchaus wichtige Fähigkeiten sein, die da aus dem Unbewussten ins Bewusstsein geholt werden.

In der Hand des Riesen

Beim dritten Mal, als Maol a Chliobain versucht, den Bock zu stehlen, erwischt der Riese sie. Er fragt: „Was tätest du mit mir, wenn du mich so in deiner Gewalt hättest wie ich dich jetzt?"

Ohne lange zu zögern antwortet sie: „Ich würde dich mit Brei füttern, bis du platzt. Dann würde ich dich in einen Sack sperren, über ein großes Feuer hängen und so lange auf dich einprügeln, bis nur noch die Knochen von dir übrig sind."

Der Riese geht sogleich ans Werk, bereitet einen Kessel mit Brei zu und gibt ihr davon zu essen. Nach wenigen Löffeln röchelt sie und rührt sich nicht mehr. So sperrt er sie in einen Sack, den er über der Feuerstelle aufhängt. Aber er hat nicht genügend Holz, und so geht er mit seinen Leuten in den Wald, um Holz zu holen. Nur seine alte Mutter bleibt im Haus zurück.

Vom uns vertrauten Aufbau von Geschichten her erwarten wir geradezu, dass es beim dritten Mal nicht mehr so glatt läuft. In diesem Märchen ist das auch bei einer subjektstufigen Betrachtung sehr stimmig. Dem Riesen den Bock zu stehlen könnte bedeuten, gegenüber dem riesigen, bedrohlichen Vaterkomplex den eigenen Willen zu behaupten. Das ist wohl die schwierigste und grundlegendste Auseinandersetzung mit ihm. Sie braucht genügend Ich-Stärke und sie gelingt nicht immer. Sie kann die Gefahr mit sich bringen, vom Vater vernichtet zu werden.

Im Leben eines Menschen könnte eine solche Vernichtung sich in völliger Selbst-

entwertung, Niedergeschlagenheit oder schwerer Depression äußern, und all das, nachdem zuvor schon einige wichtige Entwicklungsschritte möglich waren. Der lebensfeindliche Vaterkomplex duldet keinen Widerspruch, keine Eigenständigkeit. Wie kann man sich ihm gegenüber behaupten?

Die Heldin im Märchen reagiert mit einer unglaublichen Gelassenheit auf die lebensbedrohliche Lage, in der sie sich befindet. Ob dabei auch der Segen der Mutter eine Rolle spielt? Das Märchen erwähnt das nicht ausdrücklich. Was aber wohl eine Rolle spielen mag, ist die Hilflosigkeit und Einfallslosigkeit, die der Riese zeigt, indem er sie, seine ärgste Feindin, fragt, was sie an seiner Stelle täte. Damit gibt er ihr die Möglichkeit, das weitere Geschehen zu beeinflussen und vor allem, Zeit zu gewinnen. Die Bestrafung, die sie auswählt, ist keineswegs milde, sondern brutal, wohl ganz nach dem Geschmack des Riesen. Sie fleht überhaupt nicht um Gnade, sie unterwirft sich nicht, sondern lenkt den Riesen, der wohl ganz von seinem Zorn besetzt ist.

Vielleicht hat sie beim Versuch, den Bock zu stehlen, bemerkt, dass nicht mehr sehr viel Holz beim Haus war. Dieses Holz wird nun zunächst für das Kochen des Breis benötigt. Holz ist hier Brennstoff, Energie. Der Riese hat nicht mehr viel davon übrig, aber er kann sich im großen Wald, in dem er lebt, Nachschub holen. Übertragen kann man sagen, dass auch ein Komplex, der nicht mehr viel Energie hat, sich im Unbewussten wieder aufladen kann, wenn ihm die Gelegenheit dazu gegeben wird.

Der Riese merkt dann nicht, dass Maol a Chliobain das Platzen nur vorspielt. Es kann ihm auch gleichgültig sein, denn wenn sie im Sack über dem Feuer hängt und geprügelt wird, kommt sie so oder so zu Tode. Er führt ihre Anweisungen aus wie ein braver Junge.

Das Verhalten der Heldin an dieser kritischen Stelle des Märchens kann uns weitere Hinweise zu einem möglichen Umgang mit solch einem lebensbedrohlichen Gegenüber geben. Unterwerfung ist hier nicht der Weg, sondern selbstbewusstes Auftreten und Bewahren der Handlungsfreiheit selbst in einer extrem bedrohlichen Situation.

Die Heldin mag Angst haben, aber sie wird nicht von ihr überwältigt, sie zeigt sie nicht, sondern erkennt die Handlungsspielräume, die ihr auch noch als Gefangene des Riesen bleiben, und nützt sie voll aus. Dabei benutzt sie die Kraft des Riesen und bewirkt, dass er sie gegen sich wendet und sich letztlich damit selbst zerstört. Das ist eine hohe Kunst, und es ist nicht zu erwarten, dass sie jedem und jeder gleich oder gar immer gelingt. Ein solches Verhalten lässt sich auch nicht planen, es kann nur spontan entstehen.

Das Märchen kann uns Anregung dazu geben und so etwas wie ein Vorbild, an dem wir Freude haben. In Situationen, in denen eine solche Gegenwehr nicht möglich ist, in denen wir übermächtigen Kräften ohnmächtig ausgeliefert sind, kann so ein Märchen uns zudem helfen, uns in der Fantasie eine Befreiung vorzustellen. Das wirkt für die Seele entlastend, und es kann den Blick öffnen für Handlungsspielräume, die vielleicht doch vorhanden sind und bisher nicht erkannt wurden.

Das Ende des Riesen

Maol a Chliobain beginnt in dem Sack zu singen: „Ich bin im Licht." Die alte Mutter des Riesen will auch ins Licht, und so tauschen die beiden die Plätze. Als der Riese zurückkehrt, schichtet er das Holz auf, zündet es an und prügelt auf den Sack ein. Erst als er den Sack öffnet, merkt er, wen er getötet hat. Außer sich vor Zorn eilt er zum Fluss – doch Maol a Chliobain ist bereits wieder am anderen Ufer. Und auf all seine Vorwürfe erwidert sie nur: „Ich habe es getan, auch wenn es hart für dich ist."

Schließlich fragt der Riese: „Wenn du jetzt hier auf meiner Seite wärest und über den Fluss gelangen wolltest, was würdest du dann tun?" Sie antwortet: „Ich würde den Fluss austrinken, bis er leer ist." Sogleich macht der Riese sich daran, den Fluss auszutrinken – und säuft, bis er zerplatzt. Maol a Chliobain aber heiratet den jüngsten Sohn des Bauern.

Schließlich wird auch die Mutter des Riesen in den Tod geschickt. Der Riese selber wird sie umbringen, ohne es zu wissen. Auch hier ist die Heldin unbarmherzig. In diesem Märchen war die Mutter des Riesen bisher völlig im Hintergrund, sie wurde gar nicht erwähnt. In manchen anderen Märchen ist sie noch wesentlich gefährlicher als ihr Sohn. Sie ist dem Riesen wichtig, mit ihm verbunden, sie hat an keiner Stelle versucht, ihn aufzuhalten. Sie entspricht vielleicht einem negativen, lebensfeindlichen Mutterkomplex, von dem am Anfang die Rede war und der jetzt beseitigt wird. Auch der negative Mutterkomplex muss überwunden werden, um eigenständig leben zu können.

Zum Schluss, bei der letzten Begegnung am Fluss, fragt der Riese die Heldin nochmal um Rat. Ist er wirklich so dumm? Hat er mit dem Verlust des Lichtschwerts auch die Vernunft verloren? Er begreift nichts vom Fluss, vom unentwegten Fließen, vom stetigen Kreislauf des Wassers, des Lebens. Er trinkt sich daran zu Tode. Subjektstufig hat sich der negative Vaterkomplex verwandelt. Der Bauer, der die Heldin dazu bewogen hat, all die Schätze zu holen, steht vielleicht für einen verwandelten, viel weniger bedrohlichen, positiveren Vaterkomplex.

Subjektstufig betrachtet, kann der vorgestellte Mensch nach solchen Erfahrungen eigenständiger leben und z. B. eine Partnerschaft eingehen. Der Vaterkomplex wurde verwandelt und eine Menge Ressourcen gewonnen. Damit ist ein Entwicklungsschritt geschafft. Allerdings ist von Liebe noch gar keine Rede. Das wäre dann vielleicht Stoff für eine weitere Geschichte. Märchen schildern oft die Bewältigung einzelner Übergänge, aber nicht ein ganzes Leben.

Es ist gut, darum zu wissen, dass im großen Wald des Unbewussten noch viele weitere Schätze warten und Gefahren drohen. Und es wäre eine Illusion zu meinen, dass wir das Unbewusste je ganz erfassen könnten. Es ist und bleibt ein Geheimnis, und je mehr wir davon entdecken, desto reichhaltiger und faszinierender wird unser Leben.

Gidon Horowitz

Psychologischer Psychotherapeut, Märchenerzähler und Schriftsteller, Lehranalytiker und Supervisor am C. G. Jung-Institut Stuttgart. Im Vorstand der Internationalen Gesellschaft für Tiefenpsychologie e.V., zahlreiche Veröffentlichungen.

Das Spiel mit der Maske

Die Komplexe hinter unserer Persona

Selina Danisch

Ein antiker Schaupieler zeigt eine Maske. Die Mundöffnung wirkte wie ein Megaphon und verstärkte die Stimme. (Foto: Alessandro Cristiano, AdobeStock_211065328)

Ob es uns bewusst ist oder nicht – in vielen Situationen setzen wir eine Maske auf. Wenn wir verunsichert sind, uns nicht bloßstellen (lassen) wollen, dann kommt oftmals die Maske zum Vorschein. Manchmal bewusst, öfter jedoch unbewusst. Wir wollen unsere Gefühle dahinter verbergen – vor uns und vor anderen. Wir fürchten unsere eigene intensive Reaktion, unser Berührtsein und die daraus folgenden Konsequenzen. Also lassen wir es gar nicht erst so weit kommen und setzen eine Maske auf.

Das erste, was den meisten meiner SeminarteilnehmerInnen zu dem Thema „Maske"

einfällt, sind Eigenschaften wie Schutz, Sicherheit, zur Schau tragen, verbergen und ähnliche Grundthemen. Im Alltag ist das notwendig, schließlich wollen und brauchen wir uns nicht jedem unserer Mitmenschen offenbaren.

Im Sinne der Analytischen Psychologie ist die Persona (lat. personare: durchscheinen, durchtönen; persona: die Maske eines Schauspielers) ein nach außen gezeigter Aspekt der Persönlichkeit, der zwischen uns und der Umwelt vermittelt. Sie ist für die psychische Gesundheit und Stabilität notwendig und wichtig (vgl. Leibig, 2008).

Immer nur lächeln und immer vergnügt,
Immer zufrieden, wie's immer sich fügt,
Lächeln trotz Weh und tausend Schmerzen,
Doch niemals zeigen sein wahres Gesicht. ...

Immer zufrieden, wie's immer sich fügt,
Lächeln trotz Weh und tausend Schmerzen,
Doch wie's da drin aussieht, geht niemand' etwas an.

Operette *Land des Lächelns* von Franz Lehar

Mit so einer „Alltags-Maske", die flexibel, durchtönend und vor allem durchscheinend ist, können wir gut leben. Uns bleibt bewusst, wer wir dahinter wirklich sind und wann, in welchen Situationen und bei wem wir lieber weniger von uns zeigen. Unsere Maske wirkt sich erst dann negativ für uns aus, wenn sie starr ist, wenn wir zu oft dahinter verschwinden, uns – vielleicht sogar, ohne es zu bemerken – hinter ihr verstecken, nicht für uns einstehen wollen und dadurch immer kleiner werden. Negativ wirkt unsere Maske auch in Situationen, in denen uns mehr Offenheit und authentische Präsenz gutgetan und in der Kommunikation geholfen hätte.

Jede Maske hat ihre Berechtigung
Doch woraus formt sich unsere Maske? Warum sieht sie so aus, wie sie aussieht? In welchen Situationen taucht sie auf? Gibt es nur eine oder sogar mehrere? Diese und ähnliche Fragen helfen uns, einen Zugang zu unserer eigenen Maske zu bekommen.

In meinen Seminaren sammeln die TeilnehmerInnen anfangs ganz begeistert Allgemeines zu dem Thema „Maske", doch wenn es darum geht, sich die eigene(n) Maske(n) anzuschauen, dauert der Prozess des wirklichen Verstehens und Erkennens deutlich länger.

Meist finden sich zunächst nur ein paar Ideen an der Oberfläche, welche Maske(n) man selbst trägt, welche man bei sich wahrnimmt. Da gibt es z. B. die „Immer-nett-Lächeln-Maske", die sehr häufig anzutreffen ist, während die Gefühle im Inneren sich aufstauen, die Maske des „Zähne-Zusammen-Beißens", bei der keine Schwäche gezeigt werden darf und der Körper die ganze Last alleine tragen muss. Auch die „Immer-gut-drauf-Maske" kommt in fast jedem meiner Seminare zum Vorschein, wenn der oder die Betreffende unabhängig von ihrer / seiner eigenen Befindlichkeit immer gute Laune verbreiten muss.

Diese Masken zeigen sich relativ schnell, sie sind den meisten von uns halbbewusst und das Verstehen ihres Daseins liegt in greifbarer Nähe. Nachdem diese jedoch umkreist worden sind, zeigt sich häufig, dass darunter noch eine oder sogar mehrere Masken liegen, welche emotional stärker aufgeladen, persönlicher und daher auch unbewusster sind.

Es braucht Geduld und Offenheit, sich diesen unbekannten Masken von uns zu nähern. Denn oftmals tragen wir sie schon lange. So lange, dass sie zu einem Teil von uns geworden sind. So sehr, dass es schmerzt, diesen Teil nun als „Maske" zu erkennen und als unseren Schutz, der da war, als wir ihn nötig hatten.

Das ist ein wichtiger Aspekt bei der Arbeit mit der Maske: Jede hat ihre Berechtigung! Es gibt oder gab einen wichtigen Grund dafür, dass wir gerade diese Maske entwickelt haben. Erkenntnis, Akzeptanz und Annahme sind der erste Schritt, um lebendig und kreativ mit diesen Masken umzugehen. Um etwas zu ändern, aus der Starre wieder in die flexible Lebendigkeit zu kommen, müssen wir überhaupt erstmal ein Bewusstsein für unsere Maske(n) entwickeln. Dafür, dass es sie gibt, warum es sie gibt, ob wir sie heute noch brauchen und wie wir einen lebendigeren Umgang damit herstellen wollen.

Wer bin ich wirklich hinter meiner freundlichen Maske? (Foto: Lassedesignen, Disguised AdobeStock_48339744)

Persona und Komplexe

Wir können unsere Maske(n) nicht getrennt von unseren Komplexen betrachten. Komplexe brechen manchmal über uns herein, überfallen uns regelrecht, wir sind ihnen ausgeliefert und erkennen uns selbst nicht wieder. Komplexhaftes Erleben berührt oft Schichten in uns, die uns zutiefst betreffen. Sie manifestieren sich unabhängig vom Willen, teils in „direktem Gegensatz zu bewussten Tendenzen" und „drängen sich dem Bewusstsein tyrannisch auf" (Jung, 1928, GW 16, § 266).

Masken schützen uns vor den intensiven Emotionen und Impulsen der Komplexe so, wie wir es z. B. von den Fastnachtsmasken kennen, welche den Winter und seine Dämonen vertreiben sollen. Wir wirken dann vielleicht nach außen hin freundlich und ruhig, während es tief in uns brodelt, im extremen Fall so tief, dass wir es selbst gar nicht mehr spüren, stattdessen aber vielleicht störende Körperreaktionen auftreten.

Dass wir vor anderen Menschen unsere Komplexe nicht zeigen wollen und dass wir dann eine Maske aufsetzen, um nicht nur uns, sondern auch andere zu schützen, ist verständlich und sinnvoll. Doch unsere Maske sollte dabei eine „gut sitzende" Persona sein, die an das Lebendige in uns angeschlossen und mit unserer „wahren" Persönlichkeit verbunden ist.

Maske, Selbsterkenntnis und Selbstwirksamkeit

Wir können lernen, das Wechselspiel zwischen unseren Komplexen und unseren Masken bewusster für unsere Selbsterkenntnis zu nutzen. Eine auftretende Komplexreaktion könnte zunächst ein Signal für uns sein, dass wir kurz innehalten, uns besinnen und beobachten, welche Maske wir nun aufsetzen.

Das setzt ein sehr hohes Gewahrsein für uns selbst voraus, was im turbulenten Alltag mit seinen Höhen und Tiefen nicht immer gelingen mag. Doch werden wir dadurch beständig sensibler für den Moment, in welchem wir „umswitchen". Wir können immer deutlicher wahrnehmen, wann wir von natürlichem, authentischem zu „komplexhaftem" Verhalten wechseln und unsere Masken aufsetzen.

Das ist unser erster Anhaltspunkt, von dem aus wir es immer öfter schaffen können, dann auch wirklich innezuhalten und bewusst zu entscheiden, wie wir handeln wollen. Das gelingt sicher noch nicht gleich bei den großen, für uns existenziell wichtigen Konflikten oder solchen, die in tiefen Schichten wurzeln, aber doch bei solchen, die immer wieder auftreten, relativ bewusstseinsnah und störend, aber doch nicht sehr einschneidend sind.

Haben wir hier erste Erfolge, erfahren wir unsere Selbstwirksamkeit: Je öfter wir bewusst erleben, dass wir unser Verhalten und damit auch Situationen beeinflussen können, desto leichter fällt uns dies auch in schwierigen Situationen. Wir nehmen wahr, dass wir etwas aktiv tun können und den äußeren Umständen, anderen Menschen etc. nicht machtlos ausgeliefert sind.

Es ist ein Lernen in kleinen Schritten. Denn vergessen wir nicht: Die Persona ist über Jahre hinweg gewachsen, hat sich in unserem Leben als hilfreich erwiesen und sich einen festen Platz erobert. Unsere Komplexe sitzen noch tiefer: Sie gehen oft auf unsere ältesten Erinnerungen und Erfahrungen zurück und haben sich seitdem von immer mehr desselben genährt, sich vielfältig vernetzt und sind uns so vertraut, dass uns gar nicht mehr bewusst ist, wie es ohne sie war bzw. sein könnte.

Komplexe sind gespeicherte Lebenserfahrungen, die sich sowohl mit archetypischen Bildern als auch mit tatsächlich Erlebtem immer weiter anreichern. In ähnlichen Situationen werden sie wieder und wieder aktiviert. Es geht darum, sowohl die Komplexe als auch unsere Masken kennen zu lernen, anzunehmen und in unsere Gesamtpersönlichkeit auf lebendige Weise zu integrieren.

Lebendige, kreative Integration

Dazu ist es nötig zu wissen, was „uns" ausmacht, wann wir uns „echt" und authentisch fühlen und sind. Daher biete ich meinen TeilnehmerInnen zu Beginn gerne Übungen an, die ermutigen, die „wirkliche" Person spürbar werden lassen. Dadurch können wir bewusster wahrnehmen, wenn etwas nicht stimmig ist. Wir erkennen dann eher auch die Vielfalt, die wir sind: Wir sind viel mehr als unsere Komplexe und unsere Maske(n).

Bewusst angewandt bleibt die Persona flexibel und durchscheinend, so dass wir den Kontakt zu uns selbst nicht verlieren. Dann können wir mit uns verbunden sein und gleichzeitig unsere Integrität wahren. Es tut gut, zu wissen, dass wir uns weder hinter einer starren Fassade verstecken, noch uns preisgeben müssen, sondern dass wir im Gegenteil die Wahl haben. Wir können in jedem Moment von Neuem wählen, wie viel wir von uns zeigen, vielleicht auch, was wir zu Schau stellen, womit wir kokettieren und glänzen wollen – ganz im Sinne von „Das SPIEL mit der Maske".

Dabei bleibt trotz des Spielerischen und Darstellenden die Verbindung zu unserem „wahren" Selbst bestehen. Die Maske soll kein Schein sein, sondern vielmehr unser Sein verkörpern. Letzten Endes geht es darum, herauszufinden, wer wir sind, wer wir noch sein könnten, wie wir uns der Welt zeigen und mitteilen wollen. Letztlich geht es auch darum, wie wir mit der Welt in Verbindung treten wollen.

Das Erkennen der Maske(n) ist ein wichtiger Schritt auf dem Weg zu mehr Selbsterkenntnis. Lüften wir unsere Masken nach und nach, so kommen wir uns selbst immer näher, bis wir bei unserem Kern angelangt sind mit dem wir uns immer mehr verbinden können.

Haben wir erst einmal die Eigenart unserer Persona erkannt, fällt es uns schwer, weiterhin nach unseren alten dysfunktionalen Mustern zu handeln. Sobald wir mehr Bewusstsein erlangt haben, erhalten wir auch mehr unserer Handlungsfreiheit zurück. Wir können in jedem Moment besser entscheiden, ob wir eine Maske aufsetzen wollen und wie durchscheinend sie ist, so dass sie zu unserer Persona wird, die ganz natürlich und selbstverständlich zu uns gehört.

Wir können uns der Maske kreativ durch Bilder, Märchen und Imaginationen nähern. Mit Bildern können wir unsere Maske direkt ansehen – wir erfahren ihre Wirkung und können sie gestaltend immer wieder verändern. Über Märchen erfahren wir etwas darüber, wie mit den verschiedenen Anteilen der Maske umgegangen werden kann und in Imaginationen können wir in einen Dialog mit unserer Maske bzw. deren Anteile gehen. Das Spiel mit der Maske ist ein Weg, um uns und unseren Komplexen näher zu kommen.

Therapie hinter der Maske. Die Corona-Pandemie stellt Therapeutinnen vor eine paradoxe Situation, denn es geht doch eigentlich immer auch darum, die „Maske" abzulegen und seiner inneren Wahrheit offen ins Gesicht zu schauen. Und wie kann man sich emotional aufeinander abstimmen, wenn man die Feinmimik des Gesichtes nicht wahrnehmen kann? Mit den Augen, der Stimme und der Körpersprache lässt sich einiges kommunizieren, aber nicht alles. (Foto: Mego-studiom AdobeStock_414498201)

Literatur

Leibig, B. (2008). Persona. In: Müller, A., Müller, L. (Hrsg.) *Wörterbuch der analytischen Psychologie*. Düsseldorf.

Jung, C. G. (2006). *Spezielle Probleme der Psychotherapie*. In: GW 16. Düsseldorf.

Selina Danisch
Heilpraktikerin für Psychotherapie in eigener Praxis, Dozentin in der Erwachsenenbildung tätig. Leiterin der C. G. Jung-Gesellschaft Braunschweig.
www.psychotherapie-danisch.de
kontakt@psychotherapie-danisch.de

Wandel und Integration von Komplexfeldern
Ein Beispiel aus der Praxis

Kai Appel

Rückzug und Stillstand: Neblig bedeckte Stille

„Ich bin jetzt sechs Monate nicht mehr zur Schule gegangen. Ich wusste selbst nicht, warum ich die Klassenarbeiten nicht mehr mitgeschrieben habe. Was ich den anderen dazu sagen sollte, wusste ich auch nicht. Ich hatte je selbst keine Erklärung. Ich bin lieber Zuhause geblieben. Zumeist in meinem Zimmer, habe lange geschlafen und manchmal an einem Computer gebastelt. Rausgegangen bin ich nicht mehr.", berichtete der 18-jährige Patient zu Beginn.

„Können Sie sagen, wie Sie sich fühlen?", war meine Frage.

„Nein!", antwortete er, und es begann sich eine neblig bedeckende Stille zwischen uns auszudehnen.

„Können Sie sich vorstellen, versuchen zu malen, wie Sie sich fühlen?", fragte ich.

„Ich kann es probieren."

Und mit den Fingerspitzen einen langen Pinselstiel am Ende haltend, begann er mit der Farbe Blau einen kleinen Kreis im oberen Drittel des hochkant aufgehängten Blattes zu malen. *„Fertig!",* sagte er, nachdem er den Kreis beendete und meinte, er wisse immer noch nicht, wie er sich fühle. Mehr könne er momentan leider dazu nicht tun, und er wirkte schuldhaft bedrückt in dieser Situation.

Im Folgenden ging es um dieses Gefühl, eine nebulöse, bedeckende Stille, die zunächst unbenennbar blieb. In weiteren Bildern, durch fast unsichtbar karge Bleistiftzeichnungen, fand sie ihren Ausdruck. Kopien dieser Bilder gaben kaum ihre Striche sichtbar wieder. Die neblig bedeckte Stille nahm weiter zu: *„Sogartig, wie ein Unterdruck, der etwas hineinzieht",* so fühle es sich an, ergänzte er später.

Die Libido schien verblasst zu sein und die Mutter berichtete beiläufig, teilnahmslos und wie selbstverständlich von insgesamt vier Tot-geburten vor jeder Geburt ihrer vier Kinder und einem Notkaiserschnitt bei der Geburt des Patienten.

Die neblig bedeckende Stille, die sich wie etwas Hineinziehendes anfühlte, zeigte sich in Sandbildern und schien gleichzeitig mit Leere und Weite verbunden zu sein. Schwere trat hinzu, und Traurigkeit wurde spürbar.

Den seelischen Raum freilegen

Der Raum für die symbolische Arbeit im Sand schien jedes Mal erneut freigeschaufelt werden zu müssen. Stille, Leere und Schwere schienen sich aus dem Vakuum heraus auf links drehen zu müssen, um im Sand ihren symbolischen Ausdruck zu finden. Unausgesprochen schien sich die Seele vergewissern zu wollen, ob Raum für sie da sei, wenn sie sich zeige.

Ein Schlüssel schien die Wahrnehmung für den seelischen Raum gewesen zu sein, der wie von einem steinernen Sarg umgeben schien. Die Arbeit schien zunächst im Freifegen des bedeckten steinernen Sargdeckels zu bestehen, bevor er gehoben und sich das Innere zeigen konnte.

Jede seelische Regung und symbolhafter Ausdruck im Sand oder im Bild schienen fast schuldhaft und schambesetzt. Zuerst zeigten sich Wege im trockenen Sand. Langsam und wohlbedacht gewannen sie an Dynamik, als sich das Symbol einer verlassenen Ruine in das Symbol eines Panzers wandelte. Fortan begannen sich im nassen Sand Bewegungen in die Tiefe sowie in die Weite auszudehnen. Sie zeigten sich in Sandbildern, in denen Bergwerke Material aus der Tiefe hoben und zur Verschiffung zum Meer befördert wurden.

Annäherungen an den Mutterkomplex

Das Innere des eingeschlossenen Raums schien das mit Schuld und Scham bedeckte

Foto: AdobeStock 286062060

Eigene, das Totbehaftete zu bergen. In Gesprächssituationen spiegelte sich dies mit einer feinsinnigen und differenzierenden Wahrnehmung für, sowie Anpassung an das Gegenüber. Sorgfältig und nachhaltig wurde sich inhaltlich und thematisch rückversichert, ob die Wahrnehmung dem eigenen Selbst galt oder ob sich den Schwingungen des Gegenübers angepasst werden musste.

Ein Sehnen nach einem Gesehen- und Wahrgenommen-Werden, der Todes- sowie der Lebensenergien wurde beim Blick in groß und ängstlich schauende Augen spürbar. Anfänglich wich das Sehnen bei kleinsten Irritationen, verbunden mit der zurückbleibenden Frage, ob das eigene Sein sich zeigen und Dasein dürfe, zurück.

Die damit verbundene Trauer brachte ich mit dem Geburtskomplex in Zusammenhang, der mit Todes- und Daseinsängsten und durch Totgeburten mit Todesenergien mit dem Mutterkomplex und mit dem Inneren des steinernen Sarges verbunden schien. Mit weiterer Annäherung an den Komplexkern wurden zunächst Ohnmacht sowie Hilflosigkeit und ge-

folgt davon zunehmende schambesetzte Wut spürbar.

Jeder weitere Schritt schien Fragen nach einer Richtigkeit aufzuwerfen, der fraglichen Richtigkeit, den eigenen Weg gehen zu dürfen und es zu wagen, die Eltern unverabschiedbar mit ihren Todesängsten und getrennt von ihnen, ohne wie bisher weiter etwas für sie tun zu können, zurücklassen zu dürfen und zu müssen.

Betrauern und Abschied nehmen machten einen Wandel möglich. Die sich verdichtende Entwicklung an dem mit Nebel bedeckten und mit Lebens- und Todesenergien aufgeladenen Mutterkomplex ließ den Libidofluss Bereiche des Unbewussten berühren, auf dessen Weg eine Verbindung zum archetypisch Männlichen gesucht zu werden schien und sich in einem Traum ausdrückte:

„Meine Mutter kam in mein Zimmer: Ein ehemaliger Freund sei am Telefon. Dann bin ich im Traum aufgewacht und habe mich daran erinnert, was ich mit meinem Freund noch gesprochen habe:

Im Traum hat der J. (ein Freund) angerufen und wollte mir von seinem neuen Galaxy S8 erzählen, dass es neu ist und was es alles so kann. Dann habe ich in meinem Handy im Chatverlauf gelesen, um zu gucken, worum es im Chatverlauf ging. Es ging auch um das Handy. Dann ist der Anruf abgebrochen. Ich war ganz perplex, warum er nun angerufen hatte. Dann habe ich noch mal im Chatverlauf nachgelesen: Es ging um eine Art Scheich, der hat eine Art Wohnviertel und so weiter abseits. Dann hat er mir erzählt, dass er ein neues Containerschiff gekauft hat, im Angebot für 1 € und dass es aber viel mehr wert sei.

Gefrühstückt hat er in einem Saal. Da sind wir immer hingeflüchtet, weil die Polizei etwas von dem Scheich wollte. Die konnten ihn da aber nicht finden. Die Straßen sind wir schön zusammen lange gefahren. Dann mit dem Auto durch viele Häuser hindurch in ein Restaurant. Mit dem Fahrrad sind wir gefahren problemlos über sandige Straßen, mit dem Scheich und seinem Freund. Da sind wir zusammen Fahrrad gefahren, völlig problemlos. Und als er gerufen hat, bin ich aufgewacht."

Verbindung zu Neuem

Im Traum reicht die Mutter den Hörer, sie stellt die Verbindung her. Es wirkt wie eine selbstverständlich alltägliche Handreichung und gleichzeitig wie eine kraftvolle und lebendige Legitimation und Wegweisung, aus dem mit Todesenergien sowie schuld- und schambesetzten Komplexbereich heraus, nun verbunden mit dem Komplexbereich der Lebensenergien und deutlich in diesen hinein. Es ist eine Verbindung hin zu etwas Neuem, das zunächst wie selbstverständlich wirkend zu einem Freund führt, der etwas Neues teilen möchte.

Bei nochmaligem Hinsehen öffnet sich daran das archetypisch männliche Komplexfeld im Gesicht seiner mit Kraft und Leichtigkeit verbundenen Seiten. Archetypisch männliche Komplex- und Energiefelder stehen auf der kollektiv unbewussten Ebene zu weiteren Wirkungen auf Bewusstseinsebene nun neu zur Verfügung.

Der Raum für die Wahrnehmung der mit Todesenergien verbundenen Anteile des Mutterkomplexes konnte nach ihrer Betrachtung lebensstiftende Komplexanteile des Mutterkomplexes aktivieren, sodass Zugänge zu archetypisch männlichen Feldern freigegeben werden konnten. Die Sogkraft des Todes wandelte sich und weckte die mit Lebenskraft verbundene Libido für weiterführende Entwicklungsschritte.

Neuer Fluss von Polaritäten

Der Schulbesuch wurde wieder aufgenommen, Arbeiten begannen sich erstmalig in der gesamten Schullaufbahn in den Bereichen der Benotungen von ‚sehr gut' zu bewegen, mit Verliebtheit kam eine Freundin hinzu und die berufliche Zukunft wurde geplant. Nach dem Auszug aus dem elterlichen Haushalt wohnt er mit seiner Freundin gemeinsam und hat das Studium aufgenommen. Nach jedem mutigen Schritt für das eigene Leben nach vorne wurden nach freudigen Erfolgen neblig sogartige Gefühle, wie sie sich zu Beginn des Prozesses zeigten, mit Ängsten verbunden spürbar.

Die Freude über ein Schritt Leben rief polar wieder todesähnliche Erinnerungswelten wach. Lebens- und Todeskomplex aktivierten sich gegenseitig, wobei die Dominanz des Todeskomplexes zugunsten von Lebensenergien zurückging.

Nebelig implosive Energien verloren zunächst an Ladung und Energien des Lebenskomplexes blitzten immer häufiger hindurch. Anstelle der Stagnation der Libido schien der Fluss innerseelischer Gezeiten von Polaritäten ein wenig wieder in ein Gleichgewicht gekommen zu sein.

Kai Appel
Analytischer Kinder- und Jugendlichenpsychotherapeut, Einzel- und Gruppenpsychotherapie. Niedergelassen im MVZ des C. G. Jung-Institus Stuttgart.

Wird Leidenschaft, die Kraftquelle des Sports, von Komplexen befeuert?

Brigitte Thüringer-Dülsen

Die Leidenschaft ist das Feuer der Gefühle.
(Heidi Maria Hartinger)

Leidenschaften sind intensive seelische Kräfte, die den ganzen Menschen mit ihrer libidinösen Wirkkraft erfassen. Sie drehen sich um Lust oder Unlust, sind mit Zeichen körperlicher Erregung verbunden und durch eine lang anhaltende Spannung gekennzeichnet. Leidenschaften treiben uns beständig an, einem Ziel mit Leib und Seele entgegenzustreben. Dabei ist klar zu erkennen, wohin sie uns drängen, aber nicht warum. Sie sind innere und oft auch äußere Bewegungen, die einen symbolischen, oft noch vorbewussten Ausdruck in sich tragen.

Leidenschaften dienen demzufolge (auch) der Verwirklichung unseres Daseins und geben unserem Leben einen Sinn. Sie verändern uns und unsere Umgebung durch ihre individuellen Individuationsimpulse. Über diese Impulse des Selbst können wir durch Reflexion „erkennen", was gelebt und integriert werden möchte. Für manche ist aber bereits der Weg schon das Ziel.

Leidenschaft kann m. E. mit der Libido im Sinne C. G. Jungs verglichen werden. Es handelt sich dabei um eine starke und intensive Antriebskraft, die bestimmte Aktionen ins Zentrum des jeweiligen Lebens stellt. Dabei gibt es jedoch keine freie und bewusste Entscheidung zu wählen, welcher Passion wir uns verschreiben möchten.

> Zur Leidenschaft können wir uns nicht entschließen, sie ist etwas, was sich einstellt oder „erwacht" und uns im Extremfall gefangen hält.
> (Paris, 2007, S. 1)

Mit welcher Leidenschaft wir uns verwirklichen wollen bzw. welche Leidenschaft uns findet, hängt mit den eigenen Fähigkeiten und Vorlieben sowie mit den lebensgeschichtlichen Hintergründen zusammen, die über die Eltern oder andere Vorbilder vorgelebt wurden. Leidenschaft kann uns in unterschiedlichen Bereichen erfassen, in Wissenschaft, Politik, Beruf, Kunst, Musik oder Sport, um nur einige Beispiele zu nennen. Im Folgenden konzentriere ich mich auf die Leidenschaft im Bereich Sport, da ich diese Leidenschaft in meinem Umfeld häufig erlebe.

Für meinen Sohn war Sport immer schon sehr wichtig, lange Zeit das Wichtigste in seinem Leben. Vor vielen Jahren hing seine Entscheidung, die Realschule oder das Gymnasium als weiterführende Schule zu wählen, davon ab, wo er mehr Zeit für seinen Sport hätte Er entschied sich für die Realschule, um seiner Faszination Sport zu folgen. Dass er nach seiner Schullaufbahn und seinem Studium den Profisport als seinen Beruf wählte, war für ihn und sein Umfeld eine authentische und nachvollziehbare Entscheidung. Bereits zu diesem Zeitpunkt beschäftigten mich häufig folgende Gedanken:

Was drängt Menschen dazu, intensiv Sport zu treiben? Was bewegt einen Menschen, die Bewegung in den Mittelpunkt seines Lebens zu stellen? Und – diese Frage konstellierte sich erst später – hat das etwas mit Komplexen zu tun? Warum sich der Sport wie eine Grundstruktur durch sein Leben zieht bzw. warum er sich für den Beruf des Triathleten entschieden hat, beschreibt mein Sohn so:

„Warum tue ich mir jeden Tag weh? Jeden Tag Schmerzen. Freiwillig. Ich hatte schon als Kind einen unglaublichen Bewegungsdrang, und es war für mich essenziell, Dinge zu tun, die mich auspowerten. So kam ich bereits in jungen Jahren zum Kanuslalom, trainierte mehrmals pro Woche, spielerisch, aber mit Konzept. In den freien Stunden ging ich auf den Bolzplatz,

Marc Dülsen beim Triatlon (Archiv der Autorin)

eine Passion sei, die ihm Kraft gebe, mit seinem Schicksalsschlag zu leben und sich dabei lebendig zu fühlen. Leidenschaft als größte Motivationsquelle zieht sich durch sämtliche Sportarten. Das hatten sicher auch die Sportfreunde Stiller bewusst selbst erfahren oder intuitiv gespürt, als sie 2006 in der Fußballhymne sangen: „Mit dem Herz in der Hand und der Leidenschaft im Bein werden wir Weltmeister sein."

Leidenschaft impliziert immer auch die Ambivalenz der fördernden und hemmenden Aspekte, die in diesem Begriff enthalten sind. Der Soziologe und Psychologe Paris (2007) unterscheidet deshalb bei Leidenschaft die Aspekte Passion und Obsession. Bei der Passion stehen die schicksalhafte Unausweichlichkeit und das selbst auferlegte Leiden sowie die innere Ruhe und der Frieden mit sich selbst im Vordergrund. Dies kann – auf die Analytische Psychologie bezogen – mit der Individuationskraft verglichen werden.

„Sport bedeutet für mich auch Meditation; ich komme in einen Flow, vergesse alle anderen Dinge um mich herum und gehe gestärkt aus der Sportstunde/Joggen heraus." (Hobbysportlerin)

Obsession bedeutet hingegen auch immer Besessenheit, bei der die Objektfixierung so verabsolutiert ist, dass jedes Mittel recht ist, sich bedingungslos auszuleben (vgl. Paris, 2007, S.1). Die Besessenheit wird dabei sowohl von bewussten als auch unbewussten Triebquellen initiiert. Wenn die unbewusste Motivation, die uns immer weiter drängt, dieses eine Ziel zu erreichen, nicht wahrgenommen werden kann, dann gewinnt sie Macht über uns, indem die heißen Emotionen unser Handeln so beeinflussen, dass wir uns den Impulsen nicht entziehen können.

Diese Beschreibungen erinnern an die Wirkweise der Komplexe. Konstelliert sich ein Komplex, so wird er als eine autonome emotionale Triebkraft erlebt, die machtvoll und affektgeladen das bewusste Ich überwältigt, sodass der Komplex uns in der Hand hat. Der Komplex ist ein psychischer Faktor „der, energetisch gesprochen, eine Wertigkeit besitzt, welche zeitweise diejenige der bewussten Absicht übersteigt" (Jung, GW 8, § 200).

um zu kicken. So gelang es mir, die Hummeln in mir ruhig zu stellen und ein ausgeglichener Mensch zu werden. Über einige Umwege kam ich zu einer der trainingsintensivsten Sportarten – Langdistanz-Triathlon, im Volksmund Ironman genannt. Kopf aus, Training an. Bis zu 35 Stunden die Woche als Profi. Und dann bei den wenigen Wettkämpfen im Jahr glänzen oder scheitern oder irgendwas dazwischen. Keine Erfolgsgarantie. Aber doch ist es das Gleiche wie früher. Mein Tag ist erfüllt durch den Sport. Das ist das, was man, so denke ich, Leidenschaft nennt. Mein Sport schafft Leiden und doch so viel Freude und Befriedigung."

Übereinstimmend antworten auch andere Profisportler, dass ihre Hauptantriebsquelle, nahezu jeden Tag Sport zu treiben, die Leidenschaft dafür sei. Jan Frodeno beschreibt in seiner Biografie *Eine Frage der Leidenschaft* die Gründe, die dafür verantwortlich waren, dass er sein Leben dem Triathlon widmete. Bei einer Talkrunde über Leistungssport, bei der auch Paralympics-Athleten berichteten, was der Sport ihnen bedeutet, erzählte ein Handbiker im Rollstuhl, dass der Sport für ihn

Wichtig ist nach Jung, die symbolische Aussagekraft und den prospektiven Sinn der Komplexe zu verstehen, damit Inhalte, die aus dem Unbewussten hochdrängen, gelebt und integriert werden können. Komplexe haben dabei fördernde und hemmende Aspekte. Sie sind nicht ausschließlich das Ergebnis der Verdrängung von bewussten Inhalten. Die komplexhafte libidinöse Wirkkraft kann auch auf die Unbekanntheit und Fremdheit neuer, im Unbewussten sich anbahnender Prozesse hindeuten (vgl. Jung, GW 8, § 194 ff.). Diese neuen Inhalte mit ihrer aufdrängenden Individuationskraft haben das Bedürfnis, sich zu verwirklichen und können so die Grundlage schöpferischer Prozesse bilden.

Sport hilft mir bei der Lösung von Problemen: Das heißt, ich nehme alle Dinge, die mich beschäftigen, innerlich mit, denke aber nicht darüber nach. Ich laufe nicht innerlich davor weg, vielmehr bekommen die Probleme im Innern einen anderen Stellenwert. Manchmal habe ich die Lösung auch gefunden, ohne dass ich etwas anderes getan, als mich körperlich bewegt hätte. (Hobbysportlerin)

Damit die Individuation in Bewegung bleibt und neue schöpferische Prozesse entstehen können, ist es wichtig, Kontakt mit den komplexhaften Inhalten zu suchen und/oder dem individuellen Impuls zu folgen. So können sich Symbole entwickeln, die den Komplexinhalt ausdrücken und auf den Sinnhintergrund hindeuten. Mit dem Ausleben der darin enthaltenen Fantasien und Wünsche „kann die Energie, die im Komplex gebunden ist, zu einer Energie werden, die den ganzen Menschen belebt und neue Verhaltensmöglichkeiten initiiert" (Kast, 1994, S. 47). Diese Symbole zeigen sich individuell sehr unterschiedlich: Im gestalterischen Bereich, bei Imaginationen, Träumen, Projektionen oder auch auf körperlicher Ebene.

Es gibt diese Besessenheit, die alle [Triathleten] verbindet. Ich glaube, eine gewisse Besessenheit entsteht immer aus einem gewissen Notstand: Wo entstehen neue Sachen, wo entsteht Kreativität? Dort, wo es Notstand gibt. Nur wenn man den kanalisieren kann, kann man sehr weit kommen.
(Frodeno, 2019)

Sportler werden demzufolge jeweils im positiven wie im negativen Sinn von Passion (Individuationskraft) oder Obsession (unintegrierten Komplexen) angetrieben, nach Jungs Theorie der polaren Struktur der Psyche zum Ziele der Selbstregulierung sogar von beiden gleichzeitig.

Eine Hobbysportlerin aus meinem Bekanntenkreis, für die Sport schon immer eine große Bedeutung hatte, „wählte" bzw. wurde vom Sport gewählt, um damit ihrem Ruf der Individuation zu folgen und sich darüber ihren Entwicklungs- und Lebensthemen zu stellen, diese zu integrieren und zu leben – im fördernden sowie im hemmenden Bereich:

Ich war primär kein besonders sportliches Kind; ging ins Kinderturnen und probierte verschiedene Dinge wie Tennis und Tanzen aus. Durch eine sehr engagierte Sportlehrerin der alten Schule, die mich sehr mochte, begann ich mit ca. 15 Jahren regelmäßig zu laufen. Ich belegte Sport als Leistungskurs, weil mich auch die sportwissenschaftlichen Hintergründe und vor allem die Anpassungsvorgänge des menschlichen Körpers interessierten. Sport wurde für mich ein fester Bestandteil meines Lebens – ich lief, fuhr Rad und schwamm. Ich ging ein Jahr in einen Volleyballverein, um bei der praktischen Sportprüfung das Beste herauszuholen. Danach kam mein Medizinstudium, und Sport wurde zu einem Ventil gegen den Stress und irgendwann zu meinem Feind. Jeden Tag ein bisschen länger laufen, ein bisschen schneller schwimmen. Und dann habe ich auch noch aufgehört zu essen. Circa ein Jahr war es so fast unmöglich, körperliche Leistung zu erbringen. Ich fühlte mich nur noch kalt und schwach. Ich kriegte die Kurve, und so kam auch der Sport zurück. Ich lief besser denn je, und dies nicht nur, um Kalorien zu verbrauchen. Laufen oder Radfahren ist für mich Freiheit und „Hinter-sich-Lassen". Das Gefühl, nach einer Einheit unter der Dusche zu stehen, das Wasser über das Gesicht laufen zu lassen und den Körper, der vielleicht gar nicht laufen wollte, besiegt zu haben – göttlich. Das ist Leidenschaft für mich.

Es ist in diesem Erfahrungsbericht beeindruckend nachvollziehbar, dass Sport als Weg zur Individuation vor allem von den Men-

Siegerehrung (aus dem Archiv der Autorin)

schen gewählt wird, die von Natur aus ein größeres physiologisches Bedürfnis nach ausreichender Bewegung haben als andere. Der Ruf der Leidenschaft entwickelt sich dann allmählich, abhängig von den anstehenden Entwicklungsaufgaben.

Oft zeigt der Einstieg in den Sport zunächst das Bedürfnis und die Freude an der Bewegung sowie den unbewussten Wunsch nach Zuwendung und Liebe. Des Weiteren stellt der Sport eine Möglichkeit dar, aggressive Kräfte konstruktiv auszuagieren oder überwältigende Gefühle abzuwehren. Er zeigt auch die Sehnsucht nach Gemeinschaft und Akzeptanz, nach Anerkennung und Selbstbestätigung oder den Wunsch nach einem gesunden, athletischen oder schönen Körper. Dabei können, basierend auf den speziellen frühen Erfahrungen, Komplexe wie z. B. der Leistungskomplex oder der Selbstwertkomplex aus dem Unbewussten die Leidenschaft anfeuern, seinem Ziel entgegenzustreben In Folge konstelliert sich zum bewussten Ziel (z. B. einen Wettkampf zu gewinnen) ein unbewusstes Individuationsziel (etwa sich mit dem Leistungskomplex auseinander zu setzen). Dieser Weg ist körperlich und seelisch mit vielen beglückenden und auch belastenden Erfahrungen verbunden, wie bei allen Leidenschaften, die uns Sinn und Struktur geben.

Schaut man nach einem Wettkampf in die Gesichter der Profis, egal ob sie gewonnen oder verloren haben, ob sie ihr Ziel erreicht haben oder nicht, so sieht und spürt man bei allen diese leidenschaftliche Ergriffenheit von ihrem Sport. Aber auch das Erfülltsein von diesem einen Moment, in dem sie ganz nah bei sich und im Hier und Jetzt leben. In diesem Sinne wünsche ich uns allen, dass wir zu unserer ganz eigenen Leidenschaft finden und sie leben können mit all ihren Aspekten.

Literatur

Frodeno, J. (2019). *Interview im Berliner Tagesspiegel.* 12.11.2019.

Jung, C. G. (1979). *Die Dynamik des Unbewussten.* GW 8. Freiburg.

Kast, V. (1994). *Vater-Töchter, Mütter-Söhne.* Stuttgart

Paris, R. (2007). *Leidenschaft – eine Skizze.* http://www. jp.philo.at/texte/ParisR1.pdf.

Brigitte Thüringer-Dülsen
Analytische Kinder- und Jugendlichenpsychotherapeutin in freier Praxis; Dozentin und Supervisorin im C. G. Jung-Institut Stuttgart.

Green Book –
Eine besondere Freundschaft
Ein Film von Peter Farelly (2018)

Dieter Volk

„Black lives matter", eine Bewegung, die sich in den Vereinigten Staaten gegen Gewalt gegen Schwarze einsetzt, ist seit der Tötung des Afroamerikaners George Floyd im Mai 2020 auch bei uns ins Blickfeld geraten.

Rassismus und Rassendiskriminierung haben in den USA – und nicht nur dort – eine lange Tradition. Bis in die 60er Jahre des vergangenen Jahrhunderts gab es durch eine Reihe von Gesetzen ein umfassendes System zur Aufrechterhaltung der Rassenhierarchie vor allem in den Südstaaten. Den wenigen Farbigen, die sich ein Auto leisten konnten, konnte es passieren, dass sich Tankstellen, Werkstätten, Ärzte, Hotels und Restaurants weigerten, ihnen ihre Dienste anzubieten. Deshalb war bei Reisen das *Negro Motorist Green Book* ein hilfreicher Führer mit nützlichen Hinweisen und Adressen für schwarze Amerikanerinnen und Amerikaner.

Durch die Veröffentlichung der Civil Right Acts von 1964, die solcherlei Diskriminierung von Schwarzen verbot, wurde der Reiseführer zumindest formell überflüssig. Just in der Zeit vor 1964 ist die Handlung des Films *Green Book* angesiedelt, eine Geschichte, die von einer wahren Begebenheit inspiriert ist.

Man kann in *Green Book* ein Roadmovie über institutionalisierten Rassismus sehen oder einen Film über eine, zwar romantisierte, gelingende Beziehung. Reizvoll ist aber auch, ihn unter dem Blickwinkel der Wirkung kultureller und transgenerationeller Komplexe zu betrachten und den Wandel zweier extrem gegensätzlicher Persönlichkeiten zu verfolgen.

Ein ungehobelter Klotz

Tony Vallelonga (Viggo Mortensen), wegen seiner großen Klappe auch „Tony Lip" genannt, stammt aus ärmlichen Verhältnissen aus der New Yorker Bronx, ist Italoamerikaner, unge-

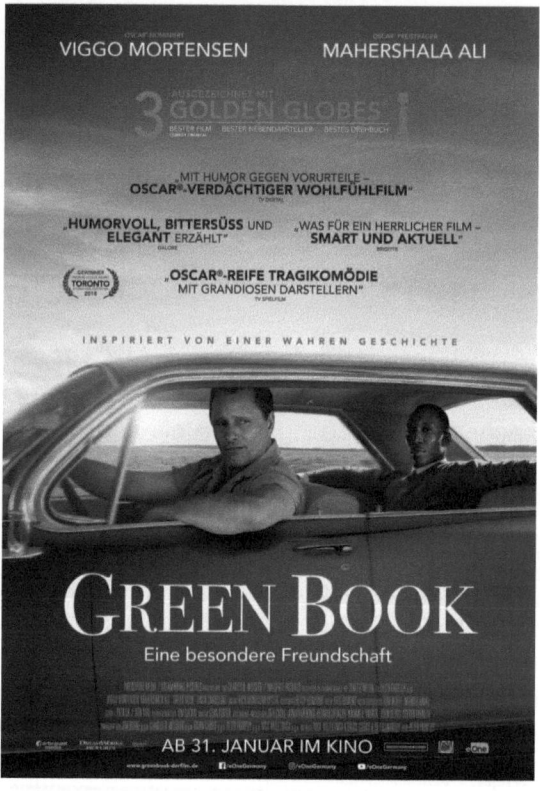

bildet und über die siebte Schulklasse nicht hinausgekommen. Da er auf die „Kraft schlagender Argumente" vertraut, hat er einen Job als Türsteher im New Yorker Nachtclub Copacabana. Ansonsten schlägt er sich und seine Familie mit Gelegenheitsarbeiten durch.

In den ersten Szenen des Films lernen wir diesen ungehobelten, grobschlächtigen Klotz samt seiner Sippe ausgiebig kennen. Zwei Kinder, eine liebenswerte Frau und unzählige italienischstämmige Freunde bevölkern seine Wohnung. Es geht laut und lärmig zu. Tony ist ein maßloser Raucher und ein ebenso leidenschaftlicher Esser. Nicht klar zu erkennen, inwieweit er ein Rassist ist. Allerdings, wie die meisten in seiner Umgebung misstraut er

seinen schwarzen Mitmenschen. Er nennt sie herablassend „Auberginen" oder „Kohlen". Zu sehen ist eine Szene in seiner Wohnung, in der er Gläser, aus denen zwei schwarze Handwerker getrunken haben, kurzerhand in den Müll wirft. Offensichtlich, dieser Protagonist und sein Milieu sind ganz im Sinne des Klischees von „Machos" und „Proleten" gezeichnet.

Als Tonys Nachtclub renoviert wird, braucht er für einige Wochen einen anderen Job. Er erfährt, dass er die Möglichkeit hat, Chauffeur für einen gewissen Doktor Don Shirley (Mahershala Ali) zu werden. Dieser habe vor, sich auf eine längere Reise zu begeben. Allerdings ist „Doc" Shirley kein weißer Arzt, wie Tony zuerst vermutet, sondern ein berühmter schwarzer Pianist, der für seine geplante Tournee durch die Staaten des amerikanischen Südens einen Fahrer sucht, der gut mit „Ärger" umgehen kann und auch jemanden, der ihm seine Schuhe putzt und seine Hemden bügelt.

Solcherlei Ansinnen lässt Tony zögern, vor allem aber irritiert ihn, dass der Doktor über der Carnegie Hall wohnt und wie dieser ihn beim Vorstellungsgespräch empfängt: eine weite, luxuriöse Wohnung, geschmückt mit unzähligen fremdartigen Kunstgegenständen. Der Doc sitzt erhöht auf einer Art Thron, fast priesterlich in ein afrikanisches Gewand gehüllt. Ein eigenartiges Bild: Einerseits der thronende, betont distanzierte Doc, groß, von zarter Statur, alles strahlt Noblesse aus, mutet geradezu maniriert an – andererseits zu seinen Füßen Tony, in dem sich alles sträubt, der sich nicht zum Schuhputzer und Bügler erniedrigen lassen will. Obwohl er zuerst das Angebot ablehnt, übernimmt er auf Drängen seiner Frau dann doch den Job.

Ein merkwürdiges Gespann
Und so wagen diese beiden so verschiedenen Charaktere ihr gemeinsames Abenteuer.

Wahrscheinlich kommen sie sich näher, womöglich werden sie Freunde – eine filmisch wohlbekannte Konstellation, derer sich der Regisseur Peter Farelly angenommen hat.

Mag sein, dass dabei so etwas wie eine Fortführung bzw. ein Gegenstück zu *Ziemlich beste Freunde* (2011) oder *Miss Daisy und ihr Chauffeur* (1989) entstanden ist, wie einige Kritiker bemängeln. Mag sein, dass sich der Film so mancher Klischees bedient oder dass es sich um ein weiteres Werk nach dem Muster des „White Savior" handelt, wie es der „Spiegel" missbilligend nennt.

Regisseur Peter Farelly war bislang nicht für subtile Dramen bekannt. Vielmehr drehte er zusammen mit seinem Bruder ziemlich erfolgreiche Albernheiten wie *Dumm und Dümmer* (1994) oder *Schwer verliebt* (2001). Mit seinem ersten Solofilm *Green Book* ist ihm aber ein Streifen gelungen, der unterhaltsam und spannend vom Zusammenprall der Kulturen, von Rassismus und Klassenkonflikten erzählt, eine Geschichte, die berührt, und dies vor allem auch durch seine beiden Hauptdarsteller.

Begeben wir uns also mit diesem merkwürdigen Gespann auf die Reise:

Vor der Carnegie Hall steht der türkisfarbene Cadillac bereit, herrschaftlich hat der Meister im Fond Platz genommen. Nur noch das Gepäck müsste vom Gehweg in den Kofferraum geladen werden. Es könnte losgehen. Aber es tut sich nichts. Feindselig und wie gelähmt stehen sich Tony und Don Shirleys Butler gegenüber, zwischen ihnen die Koffer. Wortlos stellt sich die Frage, wer lädt sie ein? Zu sehen ist ein Machtkampf: Wer wird Sieger, wer Verlierer? Wer Chef, wer Diener?

Erst als der Butler die Fracht einlädt, ist Tony zufrieden, er hat die Oberhand behalten, ist in diesem Kampf Sieger geblieben. Eine eindrückliche Szene, emotional hoch aufgeladen, ein komplexhaft besetztes Geschehen, welches verdeutlicht, wie fragil Tonys Selbstwert ist.

Ein nervtötendes Plappermaul
Wie brisant die Frage der Rangordnung für ihn ist, wie heikel er auf jede Gefahr zu verlieren reagiert, zeigt sich auch während der Autofahrt. So kann er es nicht ertragen, wenn das Fahrzeug der begleitenden Musiker seinen Wagen überholt. Jedesmal wird er fuchsteufelswild, schimpft und flucht. Überhaupt erweist sich der Chauffeur für seinen dezenten Chef als ziemlich anstrengend. Beim Fahren ist er pausenlos am Rauchen, Essen, Trinken,

Reden, immer wild gestikulierend – ein nervtötendes Plappermaul, das der Doc des Öfteren ermahnt, in seinem saloppen, vulgären Gequatsche innezuhalten.

Alles Bitten, alle Kritik und gutes Zureden sind vergeblich. Tony hält stur an seiner Art zu reden fest, er kann gar nicht anders, einerseits, weil ihm so der Schnabel gewachsen ist, es – geradezu komplexhaft – zur Aufrechterhaltung seiner kulturellen Identität als italienischer Zuwanderer gehört. Andererseits, und das ist wunderbar inszeniert, steht dies in eindrücklichem Kontrast zur gepflegten, elaborierten Ausdrucksweise Don Shirleys und lässt einen angesichts der dadurch entstehenden komischen Situationen immer wieder schmunzeln. Je länger, je mehr zeigt sich, dass die Rustikalität seiner Sprache, ja seines ganzen Benehmens, Tony auch zur Abgrenzung gegenüber der Welt der „feinen Pinkel" dient, was er immer deutlicher zum Ausdruck bringt.

Teil der feinen Gesellschaft?
Beim Blick auf die augenfällig überzeichnete Figur des Don Shirley wundert man sich bald über dessen manirierte Noblesse und seine artifizielle Redeweise und fragt sich, vor welchem Hintergrund dieser Habitus entstanden ist. Erst im Laufe des Geschehens erfährt man mehr aus dem Leben des Don Shirley. Eigent-

lich ist er als klassischer Pianist ausgebildet, aber seine Agentur hat ihm vorgegeben, dass sich auf der Tour seine Musik zwischen Jazz und Klassik bewegen muss. Immer wird er bei den Konzerten freundlichst begrüßt und in hohen Tönen gewürdigt. „Seinen ersten Auftritt hatte er mit drei Jahren ... er ist Doktor der Psychologie und der Musikwissenschaft ... war zweimal zu Gast im Weißen Haus." Beeindruckend, es scheint, als sei Shirley Teil dieser Welt der Reichen und Schönen, der feinen Gesellschaft und von ihr akzeptiert. Dennoch, immer fällt auf, dass unter all den Leuten im Konzertsaal er der einzige Schwarze ist: Im Publikum sind ausnahmslos Weiße.

Bemerkenswert auch, wie oft Shirley seinen Chauffeur ermahnt, geradezu bedrängt, sich doch endlich gepflegter auszudrücken, auch nicht mehr zu fluchen, schließlich komme er doch immer wieder mit dem vornehmen Publikum in Berührung – so als ob er sich seiner kulturellen Zugehörigkeit nicht allzu sicher wäre. Dieser massive Selbstwertkomplex scheint die beiden Protagonisten unbewusst zu verbinden.

Denn, je weiter die Tournee in den Süden geht, wird der Pianist jenseits der Konzerte zunehmend in die Welt aller Schwarzen gedrängt. Solche Momente des allgegenwärtigen Rassismus in seiner grausamen Unbekümmertheit zeigt der Film in erschreckenden Szenen, die einem immer wieder den Atem stocken lassen. Wenn Shirley Gefahr läuft, verprügelt zu werden, weil er sich in eine Bar für Weiße verirrt hat, ist das vergleichsweise harmlos, zumal Tony seinem Chef aus der Patsche hilft. Dann wieder werden die beiden brutal von Polizisten verhaftet, weil sie nach Einbruch der Dunkelheit unterwegs sind, was Schwarzen damals in manchen Südstaaten nicht erlaubt war. Don darf zwar in all den noblen Clubs auftreten, aber dort zu speisen oder auf die Toilette zu gehen, ist ihm verwehrt.

Nachfahre von Sklaven
Besonders beeindruckend ist folgende Sequenz, gewissermaßen eine Schlüsselszene: Wegen einer Panne muss Tony den Wagen anhalten. Schwarze Feldarbeiter betrachten von jenseits des Straßengrabens das merkwürdige

Geschehen, in dem ein weißer Mann einen Schwarzen durch die Gegend fährt, halten inne, auf ihre Arbeitsgeräte gestützt, ungläubig, stumm und unbewegt – arme, verhärmte, elende Figuren. All ihre Blicke sind in die Kamera gerichtet. Erbarmungswürdig, fast ein Passionsgemälde.

Die Kamera hält dieses Bild für einen Augenblick fest. So als ob sie, die Rolle des Dritten übernehmend, das Publikum und auch Don Shirley an die Sklaven des Südens erinnern möchte. Und für einen kurzen Moment ist bei ihm zu erkennen, dass er von ihrem Anblick berührt ist, als rufe deren Blick in ihm ein abgewehrtes tiefes Wissen wach, ein Wissen über die Geschichte der Farbigen, über seinen Hintergrund, und dass auch er Nachfahre von Sklaven ist.

Aber es hat den Anschein, als könne er sich dem Schmerz dieser Erkenntnis nicht stellen, dem Schmerz der Erniedrigung und Demütigung, dem Versklavtsein. Eine derartige Konfrontation berührt Shirleys kulturellen Komplex mit Macht, sie ist für ihn eine zu starke Herausforderung. Und so mündet dieser kurze Moment des Berührtseins in Shirleys gewohnt distanzierte Arroganz, in einsames Erstarren und Wegschauen, als habe er mit all dem nichts zu tun.

Bislang hat ihm seine Begabung und Disziplin nicht nur seine Karriere ermöglicht, sondern hat ihn in New York auch vor Übergriffen geschützt, und doch wird im Laufe des Geschehens deutlich, dass ihn seine Besessenheit, als schwarzer Musiker auch mit klassischem Repertoire von Weißen anerkannt zu werden, auf andere Weise versklavt hat, so dass er sich zunehmend von sich selbst entfernt hat.

„Das sind doch Ihre Leute!"

Indem er weißer als die Weißen sein wollte („nicht jeder kann Chopin spielen so wie ich") hat er den Kontakt zu seinen Wurzeln verloren. Wunderbar die Szene, als Tony während der Fahrt im Autoradio populäre „schwarze Musik" hört, die dem Doc unbekannt ist. Musik von Little Richard? Chubby Checker? Aretha Franklin? Nie gehört! „Aber das sind doch Ihre Leute", ruft Tony empört. Noch sagt Don Shirley nichts, aber man merkt, dass diese Musik etwas in ihm zum Schwingen bringt und er sie mit Freude hört.

Je länger man die beiden auf ihrer Reise begleitet, desto deutlicher wird, dass die so unterschiedlichen Charaktere sich zunehmend einander annähern. Es ist eine große Freude, den beiden dabei zuzusehen, wie sie nach anfänglicher Abneigung allmählich Respekt, ja freundschaftliche Gefühle füreinander entwickeln. Es entsteht so etwas wie ein hilfreiches Geben und Nehmen.

Tony, in der Enge seines Clans gefangen, erlebt eine Veränderung seiner Weltsicht. Die Weite und die Farben der Landschaft, die Musik, die sein Chef spielt, erwärmen ihn zusehends und wecken seinen Eros. Doch seine ungeschliffene Sprache macht ihm zu schaffen, wenn er versucht, seinen Lieben zu Hause von seinen Eindrücken zu berichten. Klar, dass ihm der gewandte Shirley dabei hilft, seine Gefühle in die richtigen Worte zu fassen, so dass seine Frau von Tonys Liebesbriefen entzückt ist.

Und Tony ist seinem Chef nicht nur ein verlässlicher Beschützer, der ihn aus widerwärtigen Situationen rettet, sondern auch ein loyaler Begleiter, der ihm dabei hilft, sich auf den Weg zu seinen schwarzen Wurzeln zu begeben. Mehr noch: Als sich herausstellt, dass Shirley Männer liebt, und er deswegen verhaftet wird, weiß Tony, dass er seinen Boss nur aus dem

Gefängnis befreien kann, indem er die Polizisten besticht. Auch dessen tiefe Beschämung ist für ihn kein Problem, Tony kann entspannt reagieren, denn aus seinen Erfahrungen in der Clubszene kennt er die Schattenwelt. Kein kritisches Wort, nicht ein abfälliger Kommentar, kein machohaftes Getue.

Dramatische Zuspitzung

Ganz anders, als es während der Autofahrt wegen eines Ausrasters von Tony zu einem geradezu kathartischen Ausbruch von beiden kommt, einer Klage über die jeweils erlittenen Demütigungen:

Don: „War das nötig? Ich muss das mein Leben lang über mich ergehen lassen …"

Tony: „Wie? Ich darf mich nicht aufregen, weil ich nicht schwarz bin. Ich bin doch wohl schwärzer als du. Du hast keinen Schimmer, was in deinen Leuten vorgeht, was sie essen, wie sie reden, wie sie leben … Ich weiß genau, wer ich bin … Ich bin einer, der sein Leben lang im selben Viertel in der Bronx lebt … Ich bin das Arschloch, das jeden Tag Geld anschaffen muss … Du, Mr. Bigshot, lebst über einem Schloss, gibst Konzerte für Reiche. Ich leb auf der Straße."

Shirley verliert die Fassung, wutentbrannt steigt er bei strömendem Regen aus …

Don: „Ja, ich lebe in einem Schloss. Allein. Reiche Leute bezahlen mich dafür, dass ich Klavier spiele für sie. Wenn ich die Bühne verlasse, bin ich für sie wieder ein Nigger aus dem Busch. Die Kränkung trage ich alleine. Weil ich bei meinen Leuten nicht akzeptiert bin, weil ich nicht schwarz genug bin, nicht weiß genug bin und kein normaler Mann bin … Sag mir, Tony, wer bin ich? …

Wortlos, geradezu verwandelt steigen beide wieder ein. Es scheint, als habe jeder etwas gespürt und verstanden, von seinen eigenen tiefen Prägungen und denen des anderen.

Mit dem Erleben weiterer Rassendiskriminierung auf ihrer Reise kommt es zu dramatischer Zuspitzung. Man fragt sich, wie lange wird das noch gut gehen? Die letzte Station ihrer Tournee: Birmingham in Alabama. Sechs Jahre zuvor ist Nat King Cole bei einem Auftritt halb tot geprügelt worden, und noch immer herrschen dort dieselben diskriminierenden Vorstellungen.

Am Abend soll Don im Konzerthaus auftreten. Zuvor möchte er im dortigen Restaurant essen, was ihm mit deutlichen Worten verweigert wird. Während Shirley bislang solch entwürdigende Situationen mit stoischer Würde hingenommen hat, widersetzt er sich erstmals mit Nachdruck und sagt das abendliche Konzert ab, auch wenn er damit seinen vertraglichen Verpflichtungen nicht nachkommt. Diesem Schritt kommt eine besondere Bedeutung zu, gibt Shirley doch damit seinen zentralen Modus der Komplexbewältigung durch unerbittliche Anstrengung und Anpassung, durch Kontrolle und Beherrschung auf.

Nicht mehr Unterwerfung unter die diskriminierenden Regeln der Weißen in der Hoffnung auf Anerkennung, sondern würdevolles Eintreten für sein ureigenes Menschenrecht – nicht mehr ausschließlich Chopin als höchstes Pianistenziel, sondern auch Blues und Little Richard.

Der Doc „rockt" den Saal

Vom Hunger getrieben begeben sich Don und Tony nach dem Eklat ins Orange Bird, eine ausschließlich von Schwarzen besuchte Musikkneipe. Interessant zu verfolgen, wie sich die Veränderung in und mit Don Shirley vollzieht. Immer noch wie der große Meister in seinen Pianistenfrack gekleidet, braucht er in dieser ihm fremden Umgebung Beistand und Ermutigung von Tony, sich zu präsentieren. Gewohnt würdevoll streift er seine Rockschöße nach hinten, nimmt das Whiskyglas vom Klavier und spielt – Chopin.

Er, ausgebildet in klassischer Musik, dem von seinen Managern gesagt wurde, das Klassikpublikum akzeptiere auf der Bühne keinen schwarzen Pianisten, jetzt traut er sich zum ersten Mal, in der Öffentlichkeit Chopin zu spielen – vor farbigem Publikum. Ein befreiendes Wagnis und ein voller Erfolg, denn er begeistert die Zuhörerschaft. Herzerfrischend, mit welcher Freude und Leichtigkeit er sich dann der Band bei ihren Jazz- und Soul-Melodien anschließt. Denn auch ohne Steinwayflügel „rockt" er den Saal!

Damit könnte die Geschichte einen stimmigen Abschluss gefunden haben. Um sie aber ganz abzurunden, lässt der Film Tony und Don sich auf den Heimweg machen – schließlich wollten sie Weihnachten zu Hause sein. Und: Don Shirley entschließt sich, seine vornehme Isoliertheit aufzugeben, er nimmt Tonys Einladung an, mit dessen Großfamilie Weihnachten

zu feiern. Ein etwas rührend-kitschiges Finale. Aber als zweites Happy End eine feine „Zugabe".

Kino, das kritische Themen behandelt, darf es trotzdem unterhaltsam und wohltuend sein? Auf diese Frage kann *Green Book* eine Antwort geben, denn ein schwerer Stoff ist mit leichter Hand inszeniert, der Film erzählt einfach eine wunderbare Geschichte.

Vielleicht besticht er nicht so sehr als Stück über Rassismus, vielmehr als bewegende Charakterstudie. Ein wahres Filmvergnügen!

Green Book ist als DVD im Handel erhältlich.

Dieter Volk
Analytischer Kinder- und Jugendlichenpsychotherapeut, Dozent am C. G. Jung-Institut Stuttgart. Dort Initiator der Veranstaltungsreihe „Film im Keller".

Alte Teufelsaustreibungen und moderne Schuld

Bernd Leibig

Ich erinnere mich noch an meine kindlich-katholischen Zeiten. Nicht mehr so genau, aber schon noch etwas. Da gab es eine Art Teufelsaustreibung, indem wir Kinder einen Satz nachsprechen sollten, der ungefähr so lautete: „Ich widerspreche und widerstehe dem Teufel und seinen Anhängern und Helfershelfern." Dieses Rezitieren sollte eine gewisse prophylaktische Wirkung entfalten gegen die Anfälligkeit für Anfeindungen des Unglaubens, gegen Anwandlungen zu starker Eigensinnigkeit und Selbstständigkeit, gegen Aufbegehren und Opposition – als Prophylaxe gegen das Böse überhaupt.

Wenn ich auf mein Leben zurückschaue, muss ich feststellen, dass die Depotwirkung dieser Maßnahmen nicht allzu groß war bzw. die Halbwertszeit der Wirkung solcher Sprüche gering war.

Nun fällt mir – einige Jahrzehnte später – auf, dass dieses Muster, Schuldgefühle und Selbstwertzweifel zu streuen, sich in modernen Zeiten nicht geändert hat, sondern in modernisierter Form seine Urständ feiert.

Sie kennen vielleicht die Abofallen von Zeitschriften, bei welchen man verführt wird, die Zeitung ein paarmal kostenlos zu beziehen und wenn man vergisst zu kündigen, läuft das Abo kostenpflichtig weiter.

Ähnlich ging es mir mit Amazon Prime. Als ich das einmonatige, zunächst kostenlose Abo kündigte, wurde meine psychische Widerstandskraft arg gefordert. Es wird nicht nur neutral gefragt, ob ich kündigen und dies bestätigen möchte, sondern ob ich wirklich alle Vorteile dieses Abos (die in aller Ausführlichkeit nochmals aufgezählt werden) wirklich nicht mehr nutzen möchte.

Da frage ich mich natürlich, ob ich denn so verblendet sein kann, gegen meinen eigenen Vorteil zu handeln und zu kündigen. Mehr noch: Es entsteht ein Schuldgefühl in mir, ein so großzügiges Angebot einfach abzulehnen. Ist das nicht der Beginn eines selbst verschuldeten Elends? Ist mein Selbstwert so gering, dass ich nicht würdig bin, dass Amazon unter mein Dach eingehe? Verschuldige ich mich an mir und an höheren Amazon-Mächten?

Wenn ich also mit Amazons Unterstützung wieder zu mir gekommen bin, besteht die Möglichkeit, einen dicken, farblich hervorgehobenen Button zu drücken mit dem Bekenntnis: „Ja, du mein Amazon-Gott, ich will die Vorteile von Prime weiterhin nutzen." Zu dem Zeitpunkt bin ich durch drückende Schuldgefühle bereits um zehn Zentimeter geschrumpft.

Sollte ich aber weiterhin beim Ansinnen der Kündigung bleiben, gibt es einen kleinen grauen Button, mit dem ich nochmals meine eigensinnige Dummheit bestätigen muss: „Ich möchte alle die Vorteile nicht weiter nutzen."

Dies erinnert schon sehr deutlich an die Praktiken der Teufelsabwehr aus meiner frühkatholischen Zeit. Ob es dieses Muster in der katholischen Kirche heute noch gibt, entzieht sich meiner Kenntnis. Aber Amazon ist ein würdiger Nachfolger in der modernen Erzeugung von Schuldgefühlen und Komplexanreicherungen.

Einen Entschuldigungsbutton, dass ich es jemals in Betracht ziehen konnte, Amazons huldvolles Angebot abzulehnen, habe ich noch nicht gefunden. Daran könnte Amazon aber noch arbeiten.

Amen.
Ach nein: Amenzon.

Zum 50. Geburtstag des C. G. Jung-Instituts Stuttgart

Das C. G. Jung-Institut, Tübinger Str. 21-25, Stuttgart

Wer seine Wurzeln nicht kennt, wird auch keine Zukunft haben

(Thukydides)

Am 21. September 1971 wurde das C. G. Jung-Institut Stuttgart gegründet, für uns Nachkommende ein Anlass, zu feiern. Ein Fest zu feiern heißt immer auch, sich zu besinnen auf das, was gewesen ist und heute noch gegenwärtig ist und auch auf das, was künftig auf uns zukommen mag. Besonders Geburtstage sind solche Tage des Gedenkens, an denen sich die Zeit verdichtet, Gewesenes, Gegenwärtiges und Künftiges sich verschränken zu einem lebendigen Gewebe.

Im Gedenken wenden wir uns unseren Wurzeln zu, den Wurzeln als Ursprung des heutigen Seins, den Wurzeln als Erfahrungsschatz. Wir halten das Andenken an die Menschen lebendig, denen wir vieles zu danken haben. Unser heutiges Wissen verdankt sich dem Vordenken und Wirken unserer Vorgänger, unser Weiterdenken verdankt sich ihnen und ist gleichzeitig eine Form des Dankens.

Unser besonderer Dank gilt den Kolleg*innen, die vor 50 Jahren die Entschlossenheit, den Mut hatten, unser Institut zu gründen. Prof. Dr. Wilhelm Bitter war es, der beseelt war von der Idee, dass es dem geistigen Werk Carl Gustav Jungs, der Analytischen Psychologie, gebühre, einen eigenständigen Platz in der Vielfalt der psychoanalytisch fundierten Verfahren einzunehmen, der auch in einem eigenen Ausbildungsinstitut seine äußere Form finden sollte. Erste Treffen Gleichgesinnter gab es bereits 1961. Mit Stetigkeit und Unerschütterlichkeit hat die Gruppe der Pioniere ihr Vorhaben verfolgt, bis es Wirklichkeit werden konnte. Die tiefe Verwurzelung in der Analytischen Psychologie C. G. Jungs war es, die sie motivierte, diesen Weg bis zu seinem Ziel zu gehen. Sie haben mit dem Auftrag der Wurzel, zu wachsen, sich zu entfalten und Früchte zu tragen, ernst gemacht.

In der Wurzel verbindet sich Erfahrenes mit Künftigem, sie birgt alle Potentialität, sie ist vorweggenommene Zukunft, sie vereint Ursprung und Ziel.

Mit dem philosophischen Begriff der „Entelechaia" beschreibt Aristoteles dieses Innehaben des Ziels, das sich im menschlichen Leben verwirklichen will. Ein „... jedes Lebewesen trägt Ziel und Zweck in sich selbst und entfaltet sich dieser seiner inneren Zweckmäßigkeit gemäß." (Metaphysik IX, 8) Und wenn „entelos" als „das Vollendete" verstanden wird, spricht Aristoteles dem Menschen das Vermögen zu, zur Vollendung zu gelangen, die er als Möglichkeit bereits in sich trägt.

„Das Leben ist sogar das Teleologische par excellence, es ist die Zielstrebigkeit selber", formuliert Carl Gustav Jung, und in seinem Begriff des „Selbst" hat Jung für die Psychologie fruchtbar gemacht, was der antike Denker philosophisch vordachte. Für Jung ist das Selbst „der Inbegriff der Gesamtpersönlichkeit", es ist „älter als das Ich, ... und nichts weniger als der geheime spiritus rector unseres Schicksals." In der Dialektik zwischen Ich und Selbst entfaltet sich das Leben des Individuums mit dem Ziel der Ganzwerdung.

Persönlichkeitsentwicklung und Wandlungsprozesse werden in der Analytischen Psychologie dem Selbst zugeordnet, mit dem Unbewussten als Quelle aller schöpferischen Kraft. Diese Schöpferkraft begegnet uns in den Mythen und Märchen, sie ist Ursprung der Künste, der Dichtung, der bildnerischen Gestaltungen, der Musik.

In ihrer Vorlesung *Der liebevolle Erzähler*, anlässlich der Verleihung des Nobelpreises für Literatur 2019 zeichnet Olga Tokarczuk ihr Bild vom Wesen der Erzählkunst, der Literatur. Sie bekennt,

[...] dass es offen und ehrlich zu erzählen gilt, so, dass die Geschichten im Geist des Lesers einen Sinn für die Ganzheit anregen, dass sie die Gabe in ihm wecken, Bruchstücke zu einem Muster zu vereinen und in kleinsten Er-

eignissen die Konstellation des Ganzen zu erkennen ... Ich denke, es kommt eine Neudefinition dessen auf uns zu, was wir heute unter „Realismus" fassen; wir müssen nach einem Begriff suchen, der uns die Überschreitung unseres Ego gestattet, der uns den Bildschirm durchdringen lässt, durch den wir die Welt betrachten ... Genauso wichtig erscheint mir aber, dass dabei an die Mythen und das gesamte menschliche Imaginarium angeknüpft wird ... Ich glaube fest daran, dass Mythen das Fundament unserer Psyche bilden.

Die Dichterin beschreibt in poetischer Sprache ihre Auffassung von Literatur als Erzählung des wesenhaft Menschlichen und im Roman sieht sie „die raffinierteste Art menschlicher Kommunikation", die es ermöglicht, „dass unsere Erfahrung durch die Zeit reisen und jene erreichen kann, die noch nicht geboren sind, aber einmal das zur Hand nehmen werden, was wir über uns und unsere Welt zu erzählen haben".

Das ist auch uns aufgegeben, denen, die nach uns kommen, einen Erfahrungsschatz in die Hand zu geben, den sie weitergestalten, dem sie immer wieder aufs Neue eine neue Form geben können.

Das Leben hat auch ein Morgen, und das Heute ist nur dann verstanden, wenn wir zu unserer Kenntnis dessen, was gestern war noch die Ansätze des Morgen hinzufügen können.
(C. G. Jung)

Elisabeth Kauder

Symposium: Seelensprache – Bildersprache

Das C. G. Jung-Institut wird in diesem Jahr 50 Jahre alt. Im Reigen von verschiedenen Veranstaltungen fand im Juni 2021 in Stuttgart im Hospitalhof das Symposium *Seelensprache – Bildersprache* statt.

Es ist eine bedeutende Stärke der Analytischen Psychologie, die Ausdrucksmöglichkeiten des Unbewussten zu nutzen. C. G. Jung hat in seinem *Roten Buch* gezeigt, welches Potential der Verarbeitung und Entwicklung in den Bildern aus dem Unbewussten sichtbar werden können. Es sind einzigartige Möglichkeiten auf dem Weg der Individuation. Nach der Einführung des 2. Vorsitzenden des C. G. Jung Instituts, Dr. Konstantin Rößler, zeigte sich die Bildersprache in den Vorträgen ganz wunderbar.

Bei dem Symposium stand im Zentrum: „Wie teilt sich das Unbewusste dem bewussten Ich mit? Wie kann eine Kommunikation zwischen diesen beiden Polen unserer Existenz gelingen? Was wissen wir über die Sprache, die hier gesprochen wird?" – „Es sind vor allem Bilder, wie sie uns in Träumen begegnen, in Phantasien, dem „Inneren Auge" vorgestellt werden oder uns in der äußeren Welt gegenüber stehen und uns anregen." (Aus der Ankündigung des Symposiums)

Den Auftakt bei den drei Vorträgen machte Frau Prof. Doris Titze, Künstlerin und Kunsttherapeutin aus Dresden. Sie sprach über das Thema: *Überlebensmittel Kunst, das Seelenbild im Bild*. Sie führte die Zuhörer*innen in die Notwendigkeit der Bewusstwerdung von Bildern ein, denn ohne die Bewusstwerdung können Bilder einen überflutenden Charakter annehmen.

Sie zeigte an vielen interessanten Beispielen das Bild als Fluss der Zeit, die Linie als unmittelbare Reflexion, die Bedeutung der Farben und den Freiraum der Fantasie, mit dem Ziel der Erweiterung und Vertiefung der eigenen Möglichkeiten. Sie bezeichnete das Bild als einen Schutzraum, und dadurch kann die Kunst Überlebensmittel sein.

Im zweiten Vortrag führte uns Stefanie Nahler, Kunsttherapeutin und Analytische Kinder- und Jugendlichenpsychotherapeutin aus Ulm, zu dem Thema *Das Bild und seine Brückenfunktion*.

Sie sprach von den Seelenbildern als den symbolischen Bildern, die eine Polarität in sich tragen, und von der Sehnsucht, das Getrenntsein zu überwinden. Es ging um die Brücken von der Realität und der Fantasie, dem Tod und dem Leben, dem Verbinden von Diesseits und Jenseits z. B. über Grabsteine und Grabbeigaben. Mit Beispielen aus der Praxis zeigte sie auf, wie Bilder archetypische Mittler in der Psyche des Menschen sind. Gerade in der analytischen Kinder- und Jugendlichenpsychotherapie haben Symbole des kindlichen Spiels und des kindlichen Ausdrucks im Bild eine besondere Bedeutung. Es zeigt sich die Übertragung zum Unbewussten der Therapeutin, des Therapeuten. So kann die Entwicklung, aber auch die Geschichte des Kindes verstanden werden.

Prof. Dr. Verena Kast, Psychologische Psychotherapeutin und Lehranalytikerin am C. G. Jung-Institut in Zürich, hat den Abschluss im Reigen der Vorträge vollzogen. Die Neurobiologen betonen immer wieder, dass das Gehirn ununterbrochen Bilder produziert. Sie nannte in diesem Zusammenhang ein Zitat in ihrer Vortragsankündigung von C. G. Jung, der sagte: „Wir leben unmittelbar nur in der Bilderwelt." (GW 8, § 624). Ohne Bilder und Vorstellungen gibt es keine Zukunft und keine Vergangenheit. Sie lud die Zuhörer*innen ein, sich vorzustellen, keine Bilder zur Gegenwart, Vergangenheit und Zukunft zu haben. Es fühlte sich gespenstisch an.

Sie führte uns ein in die menschlichen Entwicklungen: In den Bildern und Fantasien zeigt sich das psychische Leben. Die Psyche des Menschen erschafft täglich Realitäten mit Hilfe von Fantasien. Die Imaginationen, in denen wir uns mit den Gestalten unserer Fantasie austauschen können, und die Fantasien an sich sind Potentiale, die es aufzubauen gilt. Das stärkt unsere Ressourcen. Tag- und Nachtträume kommen aus dem Unbewussten und können Ausgangspunkte für Imaginationen sein, die starke Emotionen haben und auch unser Komplexgeschehen zeigen können.

Jubiläumsfest des C. G. Jung-Instituts Stuttgart

Im Anschluss an die Vorträge konnten in einer Podiumsdiskussion die Zuhörer*innen, die in Präsenz anwesend waren, aber auch die Online-Zuhörer*innen, ihre Fragen an alle drei Referentinnen einbrachten. Es war eine lebendige Diskussion, und viele Kolleginnen und Kollegen waren dankbar, dass sie nach dem langen Corona-Lockdown einmal wieder im leibhaftigen Austausch miteinander sein konnten.

Der Höhepunkt der Veranstaltungen zum Jubiläumsfest war die Jubiläumsfeier im Bildungszentrum Hospitalhof am 25.09.21 in Stuttgart, bei dem ca. 250 Gäste anwesend waren, noch ca. 80 Gäste waren online dabei.

Das Motto für den Abend war: *Erzählen – in Sprache unterwegs sein und Welten zum Klingen bringen.*

Mit der Literaturnobelpreisträgerin von 2019 Olga Tokarczuk war es gelungen, einen besonderen Höhepunkt für das Jubiläum zu schaffen. Frau Tokarczuk ist Psychologin und steht der Analytischen Psychologie C. G. Jungs nahe. Umrahmt wurden alle Beiträge von einem ausgezeichneten Pianisten, Herrn Adam Krukiewicz, der mit Musik von Chopin zum Gelingen des Abends beigetragen hat.

Die 1. Vorsitzende des Instituts, Dr. Elisabeth Kauder, begrüßte das Publikum und die Ehrengäste, Vertreter der psychotherapeutischen Verbände und der Nachbarinstitute, und insbesondere Frau Tokarczuk.

Der 2. Vorsitzende, Dr. Konstantin Rößler, brachte in seinen Ausführungen die Gründungsgeschichte des Instituts in Erinnerung. Er benannte die damaligen Gründungsmitglieder und verlieh damit dem wichtigen Faktor der Selbstgeschichtlichkeit Sprache.

Zwei ältere Mitglieder des Instituts überraschten Frau Kauder und Herrn Rößler mit einem kurzen dankenden Beitrag und zwei Flaschen Wein. Es wurde ebenfalls den Mitarbeiterinnen und Mitarbeitern des Instituts, die zum Gelingen der Feierlichkeiten beigetragen haben und überaus hilfreich und mit großem Engagement dabei waren, gedankt.

Im Folgenden gab es eine ausgezeichnete Lesung mit Frau Tokarczuk aus einem ihrer Bücher auf Polnisch. Dieser Beitrag wurde anschließend von Herrn Rudolf Guckelsberger sehr gelungen auf Deutsch vorgetragen. In einem Gespräch interviewte Frau Kauder die Autorin, Frau Olga Mannheimer übersetzte, und es wurden die Lebendigkeit und die Bedeutung der Sprache sowie Bilder und Fantansien, die Frau Tokarczuk beim Schreiben leiten, deutlich.

So kam über das Interview und das Erzählen, das In-der-Sprache-unterwegs-Sein, tatsächlich die Welt zum Klingen!

Es war ein besonderes Highlight, anders als ein Fachvortrag und dennoch bezogen auf psychotherapeutisches Arbeiten. Die Weite der Analytischen Psychologie kam über die Sprache auf eine ganz eigene Art zum Ausdruck.

Im Anschluss hatten der kulinarische Teil seinen Platz und das Gespräch unter Kollegen und Kolleginnen, die sich mitunter lange nicht gesehen hatten. Es wurden alle zu Wein und Häppchen eingeladen, Frau Tokarczuk signierte ihre Bücher, und beim Abschied bekam jeder Gast ein Täschchen mit dem Aufdruck „Sinn existiert" überreicht, darin die Festschrift zum 50-jährigen Jubiläum. Als Mitglied des Instituts kann ich nur DANKE sagen!!

Alles in allem war es ein gelungenes und würdiges Geburtstagsfest, bei dem das Institut mit seiner 50-jährigen Geschichte und die Analytische Psychologie gebührend geehrt wurden.

Margarete Leibig

berichte

Arne Burchartz
Psychodynamische Psychotherapie im Kindes- und Jugendalter

Kohlhammer Verlag, 2021, 226 Seiten,
ISBN 978-3170326453xx, 25,– €

In der Reihe „Psychotherapie kompakt" hat Arne Burchartz, ein engagierter und erfahrener Kinder- und Jugendlichenpsychotherapeut ein umfassendes Werk vorgelegt. Außerordentlich gründlich, wissenschaftlich fundiert und doch leicht lesbar, behandelt er alle wesentlichen Aspekte der psychodynamischen Psychotherapie bei Kindern und Jugendlichen.

Inhaltlich ist das Buch in sehr übersichtlicher Form gegliedert. Zunächst beschäftigt sich der Autor mit der kindlichen Sexualentwicklung, ein Überblick, der bis heute absolute Gültigkeit besitzt und in klarer Sprache unterstreicht, dass das Kind von Anfang an immer auch ein sexuelles Wesen ist.

Sehr spannend liest sich der geschichtliche Rückblick. Die wichtigsten Vertreter der analytischen Perspektive in ihrer bahnbrechenden Wirksamkeit werden in ihren bedeutsamen Gedanken dargestellt. In ihren schulübergreifenden Überlegungen und Erkenntnissen haben sie nichts von ihrer Aktualität verloren. Es scheint mir ein großes Verdienst des Autors, dass uns keine schmalspurige Auflistung der Wegbereiter der analytischen Psychotherapie begegnet, sondern eine lebendige Herausforderung, auch einmal über den Tellerrand eines gewohnten Blickwinkels hinauszuschauen. Der Bogen spannt sich von Michael Balint über Bion und Winnicott bis zu Bowlby, der mit seinem Werk die Voraussetzung für die heute so aktuelle Bindungstheorie bildet.

Ein Kapitel widmet sich verwandten Therapieformen, die wertneutral unter dem Aspekt des Verbindenden ebenso wie des Trennenden beschrieben werden. Hierbei sehe ich es als besonderes Verdienst von Burchartz an, dass er in beeindruckender Sachkenntnis Gemeinsamkeiten betont, die eine differenzierte Sichtweise auf die psychodynamische Psychotherapie bei Kindern und Jugendlichen erweitern.

In einem weiteren Schritt setzt sich der Autor mit den Grundlagen der psychodynamischen Psychotherapie auseinander. Im Eingehen auf die von Freud in klarer Psycho-Logik dargestellte Neurosenlehre wird der Blick des Praktikers auf die Schwellensituationen in der Entwicklung geschärft, die angesichts eines labilen Gleichgewichts in dieser Zeit für Störfaktoren besonders anfällig machen.

Voraussetzung für eine erfolgreiche und dem Heranwachsenden gemäße Therapie ist eine gründliche Diagnostik. Burchartz beschreibt die wichtigsten projektiven Verfahren.

Mit Hilfe einer klaren Struktur unterstützt er Kinder- und Jugendlichenpsychotherapeut*innen, Handlungsfreiheit zu gewinnen. Im Vordergrund stehen die zentralen Konfliktfelder, in der Jung'schen Sprache die gefühlsbetonten Komplexe, die als Stolpersteine problematische Einstellungs- und Verhaltensweisen verständlich und nachvollziehbar machen. Im Überblick sind es Selbstwertprobleme, die in eine Identitätskrise führen können, Verstrickungen in Schuldgefühle, ungelöste ödipale Konfliktfelder und schließlich die Unsicherheit in der Frage nach der eigenen Rolle, nach dem eigenen Selbst.

Ein weiteres Kapitel beschäftigt sich mit den konkreten Neuerfahrungen im therapeutischen Setting. Burchartz betont die grundsätzlich notwendige Neuerfahrung von Halt und Geborgenheit, die über eine wertneutrale Zuwendung im Sinne des Containments wirksam ist.

Eine zentrale Rolle, so betont er, fällt dem Spiel als Mittel der Behandlung zu. Es ist die Sprache des Kindes, in der es seine ungelösten innerpsychischen Konflikte zur Darstellung bringt. Entscheidend ist es, diese Sprache zu verstehen und zunächst auf dieser Ebene verschlüsselt zu antworten. Ein nächster Schritt ist die interpretierende Deutung. Diese erlaubt, so führt der Autor aus, dass es für den Patienten möglich ist, Unbewusstes ins Bewusstsein zu integrieren, was zu einer psychischen Entlastung führt und auch die Symptomatik positiv beeinflusst.

Die klare Sprache der Theorie verbindet Burchartz mit eindrücklichen Fallbeispielen, die den Lesern ermöglichen, Parallelen zur eigenen Arbeit zu entdecken und auf Lösungsimpulse hingewiesen zu werden. Auf diese Weise gelingt die Überleitung zur Person des Therapeuten. Burchartz erklärt den Umgang mit Übertragung, Gegenübertragung und, damit verbunden, die Arbeit am Widerstand. Die Rolle der Abwehrmechanismen wird in diesem Zusammenhang schlüssig erklärt. Im Mittelpunkt der Beziehung zum Patienten steht die Bereitschaft des Therapeuten, authentisch zu sein, aber ebenso wichtig sind auch Lebendigkeit und Spontaneität. So wird für den Patienten ein weitgehend angstfreier Raum geschaffen, der progressive Entwicklungsschritte ermöglicht.

Hilfreich sind die kurzen Merksätze, die nochmals das Wesentliche des Gesagten unterstreichen.

Abschließend wirft der Autor noch einen klärenden Blick auf den aktuellen Stand der Psychotherapie in Deutschland. Außer Frage steht, dass die Nachfrage größer ist als das Angebot; ein Hinweis darauf, wie wichtig es ist, Kinder, Jugendliche und junge Erwachsene mit ihren Bedürfnissen stärker in den Fokus zu rücken.

Eberhard Windaus, ebenfalls ein erfahrener Kinder- und Jugendlichenpsychotherapeut, schließt ein Kapitel wissenschaftlicher Evidenz an. Er fasst alle wichtigen Störungsbilder und Symptomfelder zusammen. Darüber hinaus beschreibt er sie in knapper Form und schließt die entsprechende Ziffer des ICD-10 an, eine hilfreiche Orientierung, die die Diagnostik wesentlich erleichtert und nicht zuletzt auch das Schreiben eines Antrages an die Krankenkasse.

Das Buch ist gerade auch für Jungianer eine anregende und empfehlenswerte Lektüre. Jung selbst hat immer wieder auf die notwendige Kenntnis der psychosexuellen Entwicklung und der Neurosenlehre hingewiesen. Die Analytische Psychologie war von ihm nicht gedacht als ein die Vorläufer ausklammerndes neues Denk- und Behandlungsmodell, sondern Ergänzung und Erweiterung.

Ich bin überzeugt, dass dieses Buch eine wichtige Lücke schließt. Gemäß dem Titel der Reihe bietet es einen kompakten Überblick über die psychodynamische Psychotherapie in Verstehen und Anwendung, und das in ansprechender und verständlicher Sprache.

Christiane Lutz

Ernst Peter Fischer
Das Licht, das Leben und die Liebe

opus magnum, 2021, 114 Seiten,
ISBN 978-3-95612-037-4

Ernst Peter Fischer gibt im opus magnum Verlag ein kleines Büchlein heraus über die Zusammenhänge zwischen Quantenphysik, Wasserstoff, Licht und Liebe. Der letzte Aspekt tritt als erster auf. Das Büchlein ist seiner Frau zum 50. Hochzeitstag gewidmet. Und dies widerspiegelt sich in dem oft persönlichen Charakter des Buches.

Das Buch trägt den Untertitel: *Die geheimnisvolle Beziehung zwischen Quanten, Genen und Goethe.* Das klingt vielleicht, als sei das Thema zu weit aufgespannt. Es zeigt sich aber, dass Fischer es versteht, in seiner gewohnt fundierten Weise die inneren Zusammenhänge der äußeren Phänomene darzustellen. Dabei erweist er sich als „treuer Anhänger des Gedankens der Komplementarität", wie er sich selbst bezeichnet. Die Entfaltung der Komplementarität, die wir als wesentliche Grundlage der Analytischen Psychologie C. G. Jungs kennen, durchzieht das Buch. Komplementarität wird verstanden als gegenseitige Ergänzung und Befruchtung von verschiedenen Aspekten eines Bildes oder einer Betrachtungsweise, wobei sich „die benutzten Bilder zwar oberflächlich widersprechen, aber in der Tiefe zusammengehören und erst im Wechselspiel das Phänomen als Ganzes – komplett – begreifen lassen". Fischer bezeichnet Komplementarität als „Zauberwort". Darum geht es im eigentlichen Wortsinn, dass der Zauber unserer Welterfahrung sich durch Rationalität, Kausalität und Bemühen um Exaktheit und Wahrheit nicht auflöst, sondern vertieft. Die Komplementarität trägt das Momentum in sich, dass die Welt mehr ist als Rationalität.

Genau dies war die Grundidee C. G. Jungs, als er mit dem Nobelpreisträger für theoretische Physik Wolfgang Pauli die Synchronizitätsidee entwickelte. Unfassbare, scheinbar zufällige Ereignisse weisen auf eine andere Welt hin, die wir komplementär brauchen, um die Ganzheit der Natur vollständiger erfassen und erfühlen zu können.

Fast plaudernd geht es voran von Niels Bohr über Werner Heisenberg und Fischers Doktorvater, den bekannten Physiker und Molekularbiologen Max Delbrück.

Dabei sind die Darstellungen der Atomtheorie und der Quantenphysik alles andere als banal. Es lohnt sich, sich auf diese Tour d'Horizon der Wissenschaftsgeschichte im Bemühen um eine größere Ganzheit einzulassen. Der Leser bekommt ein Gefühl für die Geheimnisse, die immer noch in der Natur sind und bis heute unfassbar bleiben, die uns staunen lassen über die Unanschaulichkeit, wie sie uns etwa in der Quantenphysik begegnet. Trotz allem rationalen Bemühen um Richtigkeit und Wahrheit in der Forschung: Das Geheimnis bleibt.

Das Konzept der Komplementarität lebt von der Zahl Zwei. Im Kapitel „Paarungen" nimmt Fischer Bezug auf die grundsätzliche Bedeutung der Zahl Zwei im Rahmen der Komplementarität. Innen und Außen, die Dualität des Lichts als Welle und Teilchen, Wachen und Träumen, Mann und Frau, Bewusstsein und Unbewusstes, Denken und Fühlen, der Einzelne und das Kollektiv. Fischer vertritt die Ansicht, „dass die grundlegende Zweiheit oder Dualität oder Polarität in der untrennbaren Verbindung von Sein und Werden steckt". Die Devise lautet: Das Eine durch das Andere, und nicht nur: das Eine und das Andere. Die Natur ist schaffende und geschaffene Natur (natura naturans und natura naturata). Die Zahl Zwei ist nicht nur verbindend, etwa in der Liebe von zwei Menschen. Sie ist auch trennend. In der Zwei steckt auch der Zweifel.

Das Buch bringt uns auch nahe, dass die Irrationalität ein konstituierender Bestandteil unserer Welt ist. So weist Fischer darauf hin, dass die beiden großen physikalischen Theorien vom Anfang des 20. Jahrhunderts – Einsteins Relativitätstheorie und Bohrs Quantenmechanik – nicht ohne den Einsatz von nicht reellen, irrationalen und imaginären Zahlen auskommen. Auch hier brauchen wir die Komplementarität, um ein stimmiges Ganzes zu erkennen.

Komplementarität heißt immer auch gegenseitige, resonante Wechselwirkung – so auch bei den Genen. Sie sind einerseits verortbar in den Zellen, und trotzdem sind sie ein dynamisches Geschehen in ständigem Bezug zur Welt und zur Umwelt. Genetik und Epigenetik sind ebenso ein untrennbares Begriffspaar, das wir zur möglichst vollständigen, komplementären Erkenntnis brauchen.

Bei so viel fundierter Naturwissenschaft war ich gespannt, wie Fischer den Bogen zu Goethe kriegen würde. Und auch hier findet er hochinteressante Interpretationen aus Goethes Wahlverwandtschaften und stellt diese sinnvoll, konsistent und nachvollziehbar dar.

Für mich als Leser des Büchleins, der der Analytischen Psychologie C. G. Jungs zugeneigt ist, ist es erfreulich, so viel Bestätigung für die Grundkategorien dieser Psychologie zu finden, wie etwa die Bedeutung der Polarität, die Fruchtbarkeit der Gegensatzspannung, der archetypische Ansatz als Resonanz von Individualität und Kollektivität.

Gerade auch der von Jung postulierte „psychoide Archetyp", welcher Geistiges und Materielles komplementär verbindet, scheint sich mir in Fischers Gedanken zu zeigen. Fischer schreibt: „Es ist unübersehbar und wirkt somit wie ein archetypisches Bemühen von Menschen, dass jede Epoche auf ihre Weise versucht, die humane Sphäre und ihre gefühlvollen Verbindungen aus solchen Schichten heraus zu verstehen, die dem materiellen Dasein zugrunde liegen und auf denen die Sphäre des Menschlichen errichtet worden ist."

Ich sehe in dieser Darstellung von Fischer auch ein Votum dafür, dass wir dem Irrationalen, ich spreche lieber vom Außerrationalen, dem Fühlen, dem Imaginieren, dem Unanschaulichen wieder mehr Raum geben, denn es ist konstituierender Teil dieser Welt. Gerade in Zeiten, in denen der negative Aspekt der Irrationalität in Form von Verschwörungsmythen und Coronaleugnern sich hervortut und sein Unwesen treibt, ist es wichtig, dem Außerrationalen seine gleichberechtigte Bedeutung neben der Rationalität und Kausalität zu geben, wie C. G. Jung dies mit der Synchronizitätsidee gemacht hat. E. P. Fischer hat mit diesem Lob der Komplementarität im Zusammenhang mit dem Licht und dem Leben und der Liebe einen wichtigen Beitrag dazu geleistet.

Bernd Leibig

Sabine Fruth
Imaginäre Körperreisen
Neue Wege zum individuellen
Heilungsprozess

Carl-Auer Verlag, 2021, 300 S.
ISBN 978-8497-0375-2, € 34,95

Das Buch von Sabine Fruth hat mein Interesse geweckt, weil ich aus der Analytischen Psychologie von C. G. Jung mit der Aktiven Imagination vertraut bin und neugierig war, wie die Ärztin und Hypnotherapeutin die Imaginationen speziell auf den Körper bezogen einsetzt.

Die Einführung beginnt mit einem Zitat: „Folge der Stimme deines Unbewussten! Es weiß lange, bevor Du denkst, auf dem richtigen Weg zu sein, wohin die Reise führt." Sabine Fruth spricht damit das Wissen aus dem Unbewussten und das Körperwissen an, das es mit inneren Bildern zu aktivieren gilt, und dabei ereignen sich in den Menschen über die Körperreisen ganzheitliche Prozesse, die innere Heilungsprozesse unterstützen.

Sie gibt Hinweise darauf, dass die Kommunikation symbolisch bis auf Zellebene möglich ist und durch die Kommunikation Heilungsprozesse möglich sind. Und genau das hat mich fasziniert bei dem Buch. Hier gibt es Parallelen zur Aktiven Imagination nach C. G. Jung ; es wird ein Austausch zwischen dem Bewusstsein des Patienten und dem Unbewussten angeregt. Es wird miteinander gesprochen, es können Fragen gestellt werden, und alles kann antworten, auch Organe.

Es ist ein Buch für Psychotherapeuten, Ärzte und in Heilberufen Tätige. Die Autorin geht ganz systematisch vor, die einzelnen Schritte und ihr Wissen erklärend. Sie zeigt uns eine Methode, die sie didaktisch richtig gut aufbereitet. Es wird deutlich, wie mitfühlend sie mit den Patienten arbeitet.

Imaginäre Körperreisen sind sowohl bei körperlichen Symptomen wie chronischen oder akuten Schmerzen oder psychosomatischen Beschwerden einsetzbar als auch bei Ängsten oder Depressionen. Sabine Fruth beschreibt den gesamten Therapieverlauf, vom Erstgespräch bis zu möglichen Tonaufnahmen, mit denen zu Hause weiter geübt werden kann. Sie beschreibt auch die Stolpersteine auf diesem Weg der gemeinsamen Arbeit, die auftauchenden Zweifel und Widerstandsphänomene und wie damit umgegangen werden kann.

Es geht ihr um Fragen wie diese: „Wie sah es an dieser Stelle im Körper aus, als er noch gesund war?" und „Was ist passiert, als es sich verändert hat?" und „Wie wird es im Körper gesund aussehen?" Die Vergangenheit, die analytische Herangehensweise, ist spürbar, die Gegenwart wird umkreist und Visionen zur Zukunft werden in inneren Filmen betrachtet. Um besser zu verstehen, was geschehen ist, kann der Film zurückgespult werden, und es werden durch die verschiedenen Betrachtungen des Films Informationen gesammelt.

Es ist ein Anliegen dieser Arbeit, dass der/die Klient*in oder Patient*in verstehen kann, wie der Körper in der Vergangenheit reagiert hat. Und der Film kann auch vorgespult werden, so dass die Visionen als heilsamer Faktor mit in den Heilungsprozess hineinwirken können.

Aus der Arbeit mit depressiven Menschen beschreibt sie, wie sie in Landschaften geht, an einen sicheren Ort geht, und was das Mitgehen der Menschen erleichtert: das sind ausführliches Erklären, extrem transparentes Arbeiten, das Vertrauen der Menschen Aufbauen, Sich-Zeit-Lassen, damit Menschen ganz allmählich Sicherheit gewinnen, Rückmelden, dass Verzögerungen in Ordnung sind, dass es keine „Fehler" gibt, und bei Widerständen können Körperreisen unterbrochen werden.

Oder sie erarbeitet einen Ressourcenraum, in dem der Satz gilt: „Hier bist du genau richtig – so, wie du bist!"

Beeindruckend in dem Buch sind auch die vielen einfühlsam vorgetragenen Beispiele aus der Arbeit mit Patienten. Die Offenheit der Autorin für die je eigenen Wege der Menschen, die bei ihr Hilfe und Unterstützung suchen, gefällt mir ausgesprochen gut. Sie strahlt eine zutiefst wertschätzende Haltung aus, die bereits beim Lesen tief in der Seele und im Körper ankommt, so dass das Lesen schlicht und ergreifend Labsal ist.

Dieses Buch ist für mich eine wertvolle Inspiration in der psychotherapeutischen Arbeit im Umgang mit Imaginationen, sowohl bei Kindern und Jugendlichen als auch bei Erwachsenen.

Sind Sie neugierig geworden? Es lohnt sich, dieses Buch zu lesen!

Margarete Leibig

Roland Kachler
Traumatische Verluste
Hypnosystemische Beratung und Therapie von traumatisierten Trauernden
Ein Leitfaden für die Praxis

Carl-Auer Verlag, 2021, 212 Seiten, ISBN 978-3-8497-0376-9, € 29,95

Dieses Buch von Roland Kachler ist ein wirkliches Novum in der Literatur zum Thema Umgang mit Trauer und dem Verlust von geliebten Menschen. Sehr persönlich und berührend erzählt er von dem Unfalltod seines Sohnes. „Achtzehn Jahre ... hat es gedauert, achtzehn lange Jahre, bis ich mich jetzt noch einmal dem Trauma des Todes meines Sohnes stelle, es noch einmal vor mir sehe, es noch einmal bewusst anschaue, es noch einmal reflektiere. Das Schrecklichste, das geschehen konnte, ist an diesem Abend des 2. Oktober 2002 geschehen. Nie mehr werde ich dieses Datum, diesen Zeitpunkt vergessen – eingebrannt wie mit einem glühenden Stempeleisen in das Weiche meines Gehirns, hineinverschmolzen in die Gehirnzellen, ein Loch hineinbrennend."

Wer dies erlebt hat, weiß ganz genau, wovon der Autor spricht und mit welchem Schicksal er lernen musste umzugehen. Als Psychotherapeut hat er es verstanden, seine eigenen Erfahrungen und wissenschaftliche Literatur aufzunehmen und zu verbinden und einen eigenen therapeutischen Ansatz zu entwickeln. Neu in dem Buch ist der intensive Umgang mit dem verstorbenen Menschen, wie der Autor die Menschen ermutigt, mit den Verstorbenen in Beziehung zu bleiben. Es ist immer wieder eine einfühlsame Anleitung für die trauernden Hinterbliebenen, sich mit dem Tod zu beschäftigen und dem, was ihr Sohn, ihre Tochter in den Minuten höchster Not gebraucht hätte. Es ist ein unerträglicher Gedanke, wie allein die eigenen Kinder im Moment des Todes sind. Mit Hilfe von einfühlsamen Übungen kann die Vorstellung, in der Todesnähe tröstend bei dem Kind zu sein, letztendlich heilsam sein.

Und das ist das Neue in dem Buch. Roland Kachler leitet die Trauernden an, mit den Verstorbenen innerlich Kontakt aufzunehmen und ihnen in den letzten Minuten imaginär zur Seite zu stehen. Dabei geht es immer wieder um die Frage, was hätte Ihr Sohn, Ihre Tochter, Ihre Lebenspartner*in in den letzten Lebensminuten gebraucht? Als nächstes geht es darum, auch das eigene Trauma fühlend zu bearbeiten, um aus den Dissoziationen, die aus der Not des Unaushaltbaren entstanden sind, wieder herauszufinden.

Roland Kachler beschreibt die vielen Schritte eines „Verlusttraumas" für die Hinterbliebenen bis zur „Wiederaneignung des Lebens" in elf Kapiteln. Er erklärt den Lesern: Was sind traumatische Verluste? An einem Beispiel zeigt er die Erfahrung der überwältigenden Ohnmacht, den Schock, das Betäubt- und Erstarrtsein und die Verlustschmerz-Attacken der Eltern, die ihr Kind verloren haben. Er unterscheidet zwischen einer Traumapsychologie und einer Trauerpsychologie. Eltern sind nach dem Tod eines Kindes, vor allem nach dem plötzlichen Tod, traumatisiert. Sie erleben ein Verlust-Trauma. Die Erstarrung, Dissoziationen und Mechanismen des Nicht-wahr-haben-Wollens stehen im Vordergrund. Die Trauer und die Tränen können häufig erst später fließen.

Der Autor nimmt die Leser behutsam an die Hand, erklärt Unterschiede zwischen verschiedenen Traumata, und wie schutzlos Menschen sind, wenn sie mit dem plötzlichen Tod konfrontiert sind, wenn sie ein Verlusttrauma erlitten haben. Es gibt keine Möglichkeit mehr, die Abwehrmechanismen zu aktivieren, es ist emotional wie eine Vernichtung der Verstorbenen und das eigene Zerbrechen. Alle Sicherheiten des Lebens sind dahin.

In der Bearbeitung der Traumata steht für den Autor die Arbeit mit Ego-States im Vordergrund, sowohl im Umgang mit den Verstorbe-

nen als auch im Umgang mit den trauernden Hinterbliebenen. Er beschreibt verschiedene therapeutische Wege, die Beziehung zu den Verstorbenen aufzunehmen. Dazu gehören z. B. Briefe an die Verstorbenen schreiben und Erinnerungsarbeit, auch über Körperarbeit.

Das Buch ist deshalb auch so lesenswert, weil es die Beziehung zwischen den Verstorbenen und den Hinterbliebenen so deutlich thematisiert und in den therapeutischen Fokus rückt. Die Arbeit an den Schuldgefühlen, wenn jemand durch Suizid aus dem Leben ging, der Umgang mit der Wut und Klärung ungelöster Konflikte aus der Geschichte mit den Verstorbenen. Wesentlich erscheint mir auch die Beschäftigung mit Körpersymptomen der Hinterbliebenen. Er nennt es „Somatisierung des Verlusttraumas und psychosomatische Störung – das Verlusttrauma aus dem Körper lösen" (S. 174) und den „Prozessschritten der transformierenden Körperarbeit".

Der Autor beschreibt sehr gut und praktisch orientiert die Konzepte und die Schritte der Bearbeitung. Er hat in jedem Kapitel einige Sätze überschrieben mit „Merke", im ersten eher theoretischen Teil des Buches, und „Beachte" im eher praktisch orientierten zweiten Teil des Buches. Es unterstützt die Leser*innen darin, sich die Essenz der Kapitel klar zu machen.

Im letzten Teil des Buches beschreibt der Autor, wie das Verlusttrauma in die eigene Biografie aufgenommen und integriert werden kann. Er beschreibt unterschiedliche Wege des Umgangs mit dem Verlust. Lebensverzicht als Liebesopfer wird genannt, die Wut auf das Leben und der Neid auf das Leben anderer etc. Es sind oft lange und schmerzliche Wege, bis Menschen wieder im Leben angekommen sind. Der Autor weiß dies aus eigener Erfahrung und beschreibt es sehr einfühlsam. Er nennt es: „Von der Sinnlosigkeit zu neuem Lebenssinn" (S. 206).

Es ist ein wichtiges und sehr empfehlenswertes Buch für Menschen, die in der psychosozialen Beratung arbeiten, für Psychotherapeuten*innen, gleich welcher Fachrichtung, und für Menschen, die das Schicksal des traumatischen Verlusts erlitten haben.

Margarete Leibig

Roland Kachler
Die Therapie des Inneren Kindes
Konzepte und Methoden für Beratung
und Psychotherapie

Klett-Cotta, 2020, 275 Seiten,
ISBN 978-3-608-96432-5, € 35,00

Dieses Buch von Roland Kachler ist von dem Wunsch des Autors geprägt, mit der Arbeit am Inneren Kind den verstörten, gestörten und leidenden Inneren Kindern heilsam zur Seite zu stehen. Er zeigt darin einen integrativen Ansatz, der verschiedene psychotherapeutische Schulen inspirieren kann. Dabei wendet er sich den Stärken der unterschiedlichen Beratungs- und Psychotherapiekonzepte zu mit dem Ziel, biografische Arbeit mit der Lösung von aktuellen Problemen und Störungen zu verbinden. Das Buch ist methodisch und didaktisch sehr gut aufgebaut.

Der Autor beschäftigt sich in 13 Kapiteln mit Grundlagen von psychotherapeutischen Interventionen. Er stellt das theoretische Modell vor und gibt durch Fallbeispiele und Gesprächsbeispiele einen Einblick in die Arbeit mit dem Inneren Kind und in die Arbeit mit Ego-States. Die Annäherung an das Innere Kind erfolgt durch Fragen. Es sind Fragen wie diese:

- Was fällt Ihnen als Erstes zu sich als Kind ein?
- Wenn Sie an Ihre Kindheit denken, welches Bild von Ihnen als Kind taucht auf?
- Was ist Ihre früheste Erinnerung an Sie als Kind?
- Was ist die schönste Erinnerung an Sie als Kind?

Die jeweiligen Kapitel werden ebenfalls an Fragen entfaltet: Was ist das Innere Kind? Wie entsteht grundsätzlich das Innere Kind und auf welchem Wege entwickelt sich ein bindungsgestörtes Inneres Kind?

Schritt für Schritt vermittelt der Autor Grundlagenwissen zur Bindungstheorie, zur Neurosenlehre, zu Traumafolgestörungen und zur Arbeit mit dem Lebensskript. Er klärt darüber auf, wie das traumatisierte und dissoziierte Innere Kind entsteht, und auch, wie das Innere Kind versorgt und genährt werden kann. Er setzt sich kritisch mit der Frage auseinander, ob es nicht ein grandioser Anspruch und ein falsches Versprechen ist, das Innere Kind therapieren oder gar heilen zu wollen.

Er formuliert einen Begriff der Heilung, der mir realistisch erscheint. Dabei heißt Heilung nicht, dass alle Symptome verschwunden wären und dass alles einfach nur wieder gut wäre. Das wäre ein falsches Versprechen, so der Autor. Heilung heißt für ihn, dass die Menschen und ihre Inneren Kinder wieder zu sich selbst und ihren ursprünglichen Potentialen finden. In der Analytischen Psychologie sprechen wir von einem Individuationsweg.

Natürlich müssen wir dazu auch die Störungen, Verwundungen und Verletzungen lösen, soweit das möglich ist und soweit das für ein in sich stimmiges, autonomes Leben nötig ist. Dennoch werden Narben bleiben.

Mit der Arbeit am Inneren Kind werden heilsame Impulse gesetzt. Er stellt die Frage: Was rettet das Innere Kind? Welche Familie braucht das Innere Kind? Wir wissen heute aus der Hirnforschung, dass Imaginationen sehr wirksam sind. Roland Kachler erklärt verständlich, dass die Ego-States im Erleben, Denken, Fühlen und Handeln zwar dem Kind von damals ähneln, aber kein „reales" Inneres Kind sind, sondern ein neuronales Netzwerk darstellen. Aus der Hirnforschung wissen wir, dass jede erlebte Erfahrung ihren Anklang und ihre Resonanz im Gehirn findet.

Die Beispiele und das schrittweise Vorgehen sowohl in der interpersonalen Begegnung mit den Therapeuten*innen oder Berater*innen als auch die vielen hilfreichen Ideen für intra-psychische Impulse zur Heilung des Inneren Kindes geben dem Buch eine große Lebendigkeit. Es wird vorstellbar, wie Heilung entstehen kann.

Es ist ein richtig gutes Buch, das für die Ausbildung verschiedener psychotherapeutischer Schulen und für die Beratung sehr gut genutzt werden kann. Ich empfehle es sehr gerne weiter!

Margarete Leibig

Christiane Lutz
Von der sehnsüchtigen Suche nach Sinn
Eine tiefenpsychologische Annäherung an *Die unendliche Geschichte*

Brandes & Apsel, 2021, 168 S.,
ISBN 978-3955582975, € 17,90

Michael Endes Roman *Die unendliche Geschichte* erschien erstmals 1979 im Stuttgarter Thienemann-Verlag. Kurz nach seiner Veröffentlichung wurde das Werk von der Literaturkritik in Deutschland nur zögerlich und mit Skepsis zur Kenntnis aufgenommen. Man warf Ende vor, nicht politisch engagiert und realistisch zu sein, sondern durch seine „Reisen ins Land der Phantasie" eine entrückte Weltflucht zu betreiben, die viele jugendliche Leser zu träumerischer Unverbindlichkeit verführe. Aber bald darauf erreichte dieser Roman – wie auch sein Vorgänger „Momo" (1973) – Kultstatus, wurde verfilmt und in über 40 Sprachen

übersetzt. Die weltweite Gesamtauflage wird heute auf über 10 Millionen Exemplare geschätzt. Michael Endes Werke wurden vielfach ausgezeichnet und gelten heute als moderne Klassiker der Kinder- und Jugendliteratur. Es zeigte sich auch, dass diese Werke von zeitloser Aktualität sind, wenn man ihre symbolische Sprache versteht.

Dies wird auch in der vorliegenden tiefenpsychologischen Annäherung an Die *unendliche Geschichte* mit dem Obertitel *Von der sehnsüchtigen Suche nach Sinn* von Christiane Lutz deutlich. Der Rezensent empfand große Freude, als er dieses Buch las. Die Lektüre erfolgte weniger rational-analytisch als vielmehr fließend-meditativ, weil die Autorin sehr flüssig formuliert und pointiert interpretiert. Christiane Lutz bringt keine Beispiele aus ihrer therapeutischen Praxis, sondern stellt ihre Einsichten ganz allgemein am Text von Michael Ende und an den großen Problemen unserer Zeit dar und verbindet beides auf überzeugende Weise.

Vom psychotherapeutischen Standpunkt aus thematisiert sie den Individuationsprozess einer tiefen narzisstischen Selbstwertstörung, der im Kern die Integration des Schattens, des weiblichen Prinzips und die Erfahrung des Selbst beinhaltet. Brisant wird es, wenn Frau Lutz diesen Befund auf Prozesse in unserer Gesellschaft überträgt. Da kann es mitunter auch düster in Bezug auf unseren Umgang mit der Corona-Krise, der Naturzerstörung und der Umweltverschmutzung werden.

Mit ihren klaren Worten dürfte die Verfasserin vielen Lesern „aus dem Herzen" sprechen. Sie konzentriert sich ganz auf die archetypischen Bilder und Symbole des kollektiven Unbewussten, die im Werk erscheinen. Damit wird deutlich, dass Die *unendliche Geschichte* im tieferen Sinn keine reine Kinderliteratur ist, sondern aufgrund ihrer Vielschichtigkeit ein „großes" Kunstwerk darstellt, das als märchenhafter, phantastisch-romantischer Bildungsroman genauer bezeichnet werden kann. Frau Lutz unterstreicht dies, indem sie innerhalb ihrer Deutung von Endes Werk immer wieder Dichter wie Goethe, Schiller, Rilke, Hesse, Fried und noch viele andere vergleichend zitiert und auf ihr umfassendes Wissen der Symbolik zurückgreift.

Das Buch von Frau Lutz hat zudem das besondere Verdienst, dass sie den von der Lektüre her vielfach schwierigen C. G. Jung in eine verständliche Sprache „übersetzt" und durch die Verbindung mit den „brennenden" Problemen unserer Zeit modernisiert. Dadurch kann C. G. Jung auch heute noch einem breiteren Publikum nahegebracht werden. Christiane Lutz gelingt dies – wie auch mit ihren anderen Werken – in hervorragender Weise, so dass sicher jeder Leser dieses Büchlein mit großem Gewinn lesen wird.

Friedrich Schröder

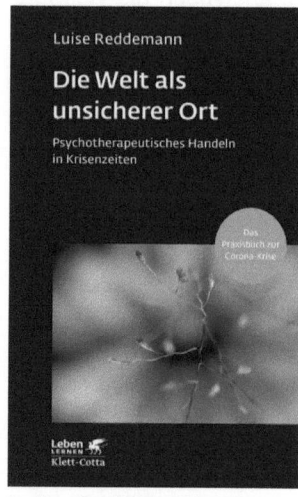

Luise Reddemann
Die Welt als unsicherer Ort
Psychotherapeutisches Handeln in Krisenzeiten

Klett-Cotta Verlag, 2021, 160 Seiten, ISBN 978-3-608-89277-2, € 24,00

In der Reihe „Leben lernen" ist von Luise Reddemann ein lesenswertes Buch erschienen. Was kann es für Menschen bedeuten, mit dieser extremen Belastung „Corona-Pandemie" konfrontiert zu sein? Welche Ängste, Verzweiflung, Hilflosigkeit, Ohnmacht und Verlassenheitsgefühle können aus ganz anderen Lebenssituationen, oft aus der Kindheit, reaktiviert werden? Was bedeutet diese kollektiv belastende Situation für die Psychotherapie? Das Anliegen der Autorin ist es, existentiellen Fragestellungen nachzugehen, die sich in der Pandemie geradezu aufdrängen, und sie mit individuellen und kollektiven biographischen Belastungen in Verbindung zu bringen.

Im 1. Teil stellt sie soziologische Aspekte vor und zitiert Autoren, die im Kontext der Pandemie von der Zerbrechlichkeit des Sozialen sprechen. Es werden Ahnungen formuliert, dass durch Corona die Ära des Gewinnens vorbei ist und wir uns alle immer mehr mit dem Verlieren auseinandersetzen müssen. Verlieren ist die Schlüsselkompetenz der Zukunft, und sie erinnert daran, dass Abgeben, Aufgeben und Nachgeben keineswegs nur Verlusterfahrungen sind, sondern uns durch Hingabe auch bereichern können. Wir erleben die Fähigkeit zu teilen, zu geben und uns zu unterstützen. Und ganz klar sagt Luise Reddemann, wir wissen, was Menschen in Not vor allem brauchen: nämlich mitfühlende andere.

Sie bezieht den historischen Kontext von Pandemien mit ein und geht dann über zu ganz konkreten Interventionen in der Psychotherapie.

Mitgefühl in Psychotherapien zu zeigen durchzieht das Buch wie ein roter Faden.

Am Ende eines Kapitels gibt Luise Reddemann der Leserin und dem Leser eine Einladung zum persönlichen Innehalten, mit jeweils unterschiedlichen Fragen. Es sind verschiedene Themen angesprochen, wie die Frage: Was wünschen Sie sich in Bezug auf Ihre therapeutische Arbeit? Was möchten Sie durch die Corona-Erfahrung gewinnen?

Im 2. Kapitel stellt die Autorin die Frage, wie kann Psychotherapie in Zeiten von Corona und anderen kollektiven Krisensituationen aussehen? Sie zitiert Ralf Vogel, der eine Verunsicherung in die Praxis einziehen sieht. Beide, PatientIn und PsychotherapeutIn, sind den gleichen verstörenden und ängstigenden Einflüssen ausgesetzt. PsychotherapeutInnen haben die Aufgabe, sich eine persönliche Haltung zu den Ereignissen zu erarbeiten. PatientInnen fragen ja auch direkt. „Was denken Sie dazu?" Die Gegenübertragung zu beachten ist für uns selbst sehr wichtig, gerade weil wir in der Pandemie in einem Boot sitzen. Und doch: Mitfühlend sein, die verbindende Corona-Erfahrung sehen und professionell handeln, das Abstinenzgebot achten, das ist ein hilfreicher Weg, nur: Wie kann das gehen?

Über Augenkontakt und unsere Haltung können Geborgenheit und Trost vermittelt werden. Unsere Vorstellungskraft kann uns dabei helfen, unsere Wünsche zu uns kommen zu lassen. Hier sind Ähnlichkeiten mit der Aktiven Imagination von C. G. Jung zu erkennen.

Luise Reddemann ermutigt zu sehen, dass nicht jede Wunde heilen kann, dass es Narben zu akzeptieren und zu integrieren gilt. Immer wieder wird deutlich, was ihr innerstes Anliegen ist: Alle leidenden Menschen benötigen Empathie und Mitgefühl.

Sie weist darauf hin, dass wir selbst die Offenheit uns gegenüber brauchen, um unsere eigene Angst mitfühlend umarmen zu können. Und es ist wesentlich, auf die Balance zwischen Aktuellem und Biographischem zu achten, das zum Verstehen beiträgt. Luise Reddemann gibt eine Anleitung, wie mit jüngeren Anteilen durch die Vorstellungskraft gearbeitet werden kann, damit sich Menschen wieder beruhigen können. So werden intrapsychisch neue gute Erfahrungen ermöglicht.

Corona macht Angst, und deshalb werden Wege zur Selbstberuhigung sehr empfohlen, damit das Erleben von Selbstwirksamkeit statt Ohnmacht und Ausgeliefertsein spürbar wird. Sie weist auf Meditationen aus der buddhistischen Tradition hin, auf Wege aus der Tiefenpsychologie und der Verhaltenstherapie. Wesentlich ist in jedem Fall das Mitgefühl, das Sich-angenommen-Fühlen und die Begegnung in der therapeutischen Arbeit. Sie stellt an praktischen Beispielen den Weg der PITT vor (Psychodynamisch Imaginative Traumatherapie), der nicht nur bei Kriseninterventionen außerordentlich hilfreich ist. Sie erzählt, wie sie selbst mit KollegInnen diese Methode vor vielen Jahren in einer Bielefelder psychosomatischen Klinik entwickelt hat. Es wurde möglich, die PITT als praktisches Handwerkszeug in der tiefenpsychologischen Therapie zu verankern, und gleichzeitig ist es mehr als eine Technik. Es ist eine das Leid der Menschen würdigende Haltung, die zutiefst heilsam ist.

Die Autorin betrachtet die Pandemie unter dem Aspekt existentieller Themen, die getriggert werden können. In der Sprache C.G. Jungs sind dies archetypische Lebensthemen wie Sterblichkeit und Tod, Freiheit und Verantwortung, Isolation und Einsamkeit, Sinn und Sinnlosigkeit und Erfahrungen von Bindung und Verbundenheit. Und auch die Freude als Ressource wird immer wieder aufgenommen.

„Mitgefühl in Zeiten der Corona-Pandemie" wird das letzte Kapitel überschrieben. Verbundenheit ermöglicht Mitgefühl. Luise Reddemann betrachtet das Mitgefühl als komplexe Haltung und beschreibt es als im Grunde genommen natürlich. Die Qualität von Mitgefühl ist auch in den Worten Barmherzigkeit und Nächstenliebe enthalten. Sie ermutigt, genau hinzuschauen: Wie spreche ich mit meinen PatientInnen? Sind meine Worte zu verstehen? Gelingt es mir, ermutigend, die Hoffnung nährend in Verbindung zu sein? Es ist eine Einladung, in liebevoller Güte emotionale Resonanz zu geben, um die Selbstheilungskräfte zu aktivieren.

Luise Reddemann ist es gelungen, mit einer großen Weite und Altersweisheit, essentielle Fragen aufzunehmen und im Finden von Antworten behutsam zu sein, sodass die große Unterschiedlichkeit von Menschen Raum findet. Es ist ein berührendes und inspirierendes Buch, das ich sehr gerne weiterempfehle.

Margarete Leibig

Fortuna

*Fortuna lächelt,
doch sie mag nur ungern
voll beglücken;
schenkt sie uns
einen Sommertag,
so schenkt sie uns
auch Mücken.*

Wilhelm Busch

Brigitte Romankiewicz
**Die Göttlichkeit des Irdischen – Herausfor-
derungen des neuen Bewusstseins
Ein Versuch in Variationen**

opus magnum, 2020, 192 Seiten,
ISBN 978-3956120343, € 9,90

Es geht um die Göttlichkeit, die Gegenwart des Göttlichen in der Welt. Alles ist Gottesereignis, die großen und die kleinen Dinge des Lebens, wie auch der Berg, der mich scheinbar zufällig in meinem Fenster besucht – und von geheimen Dingen berichtet.

Die Natur ist kein seelenloser Kausalmechanismus, sondern trägt die Schriftzüge eines wirkenden Geistes, alles ist mit allem verbunden und innerlich verwandt. Das ist die Antwort auf die Frage, die der Autorin sehr zusetzt, die Frage nach der Realität des Groben, der Realität der lärmüberfluteten, der dunklen Seite Welt. Diese Seite möchten wir fliehen und uns an die stille, angenehme Seite halten. Nur – die ständige Rückbesinnung hilft nicht. Es gibt kein wohlfeiles Heilmittel gegen das, was uns so zusetzt, dass wir es kaum aushalten, dass wir es nicht wollen. Die Autorin zitiert Robert Musil: Man kann seiner Zeit nicht böse sein, ohne selbst Schaden zu nehmen. Kein hehres Darüberwegsehen, kein Hinwegschmelzen in großem Einheitsgefühl.

In der Symbolfigur des astrologischen Zeichens für den Wassermann zeigt uns die Autorin, was unsere Aufgabe wäre: Da gibt es zwei Linien, zwei Ebenen, die zunächst unverbunden sind, die geistige und die materielle Welt, das Helle und das Dunkle; die lärmende Welt,

die in ihrer Ungeduld hungrig ist nach immer neuen Reizen, nach neuen Events, nach neuen Geschäften – und da ist die Erfahrung der geistigen Natur der Welt.

Also – die Spannung aushalten, im Mischkrug des menschlichen Daseins immer neue Formen von Einheit hervorbringen, am Prozess der Schöpfung teilnehmen, mitverantwortlich.

Bei aller großen Theorie haben wir aber ein sehr persönliches Buch vor uns, eine Art Denktagebuch, oder besser, einen inneren Dialog der Autorin mit sich selbst und mit ihren Gesprächspartnern: mit Erich Neumann, James Hillman, Teilhard de Chardin und anderen, und immer wieder C. G. Jung. Diese inneren Gespräche enden jedenfalls in einer Überraschung, in einem Lob der Resignation.

Normalerweise verstehen wir unter Resignation ein Aufgeben, ein Zurückweichen angesichts einer Situation, die ausweglos erscheint. Ausgehend von dem Doppelsinn des Lateinischen resignere, das nicht nur „zurückweichen" sondern auch „entsiegeln, öffnen" bedeutet, kommt eine neue Bedeutung ins Spiel: nämlich – eine neue Orientierung erschließen. Die Resignation wird schöpferisch, wird offen für neue Möglichkeiten. Im Scheitern, im Nicht-mehr-weiter-wissen bleibt das menschliche Leben nicht fixiert auf die Vergangenheit, auf das Konzept, das es sich vorgenommen hat, versinkt nicht im Leiden – sondern vermag sich zu lösen, findet eine neue Tür, die sich dann auch wie von selber öffnet.

Es gibt also Situationen, Verhältnisse, wo es klug ist, nicht festzuhalten sondern nachzugeben, sich zu lösen. Das Zugrundegehen der alten Konzepte, des lange geübten Durchsetzungswillens – geht gewissermaßen wirklich zum Grunde, nämlich zu einem neuen Anfang, zu einer neuen Freiheit.

Gerhard Deny

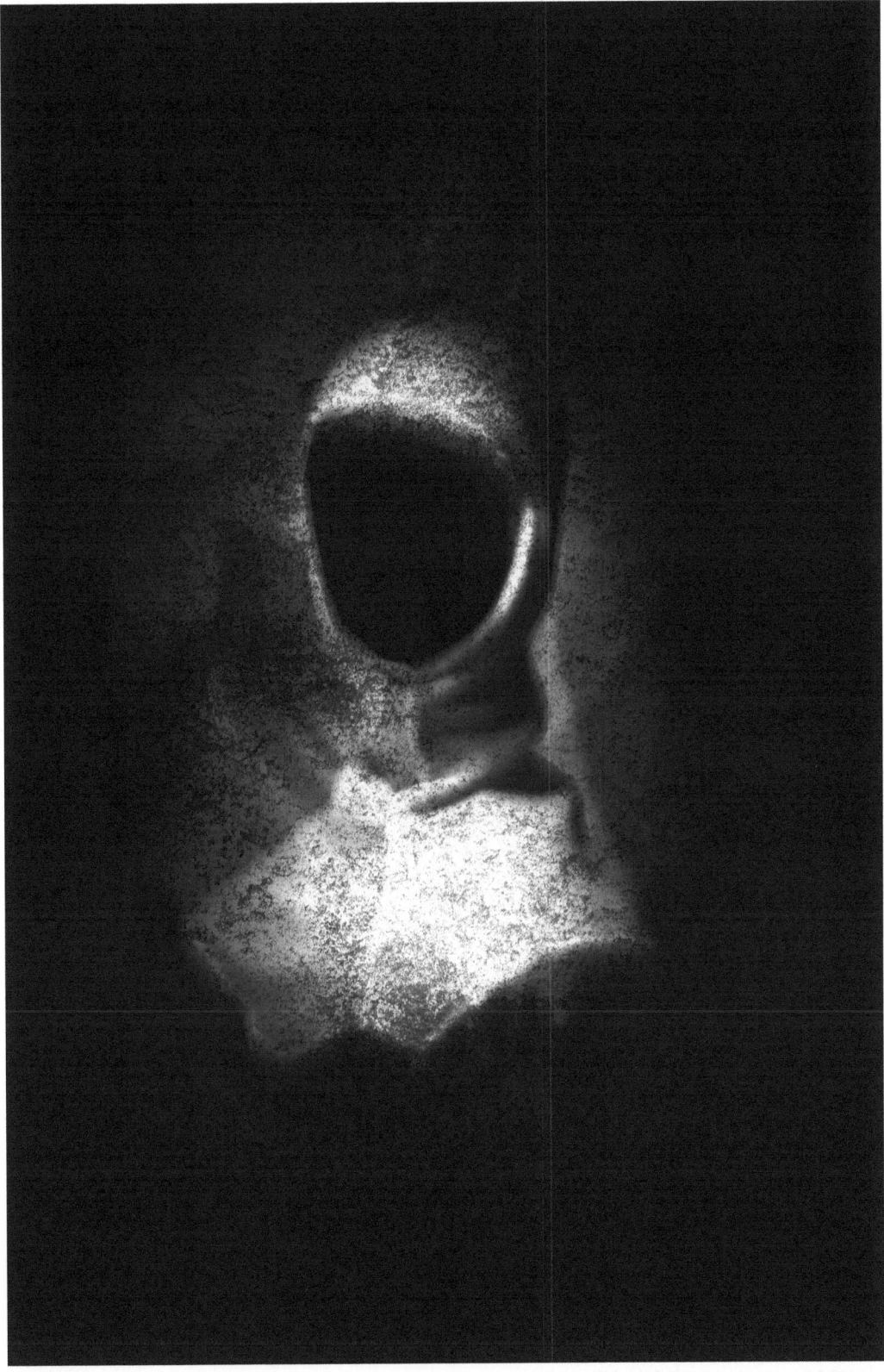

Anstatt sich mit Lichtgestalten zu identifizieren, sollte man sich der eigenen Dunkelheit bewusst werden. Fotografie: Sven Kristian Wolf

Öffentliche Veranstaltungen

Die C. G. Jung-Gesellschaften haben viele ihrer öffentlichen Veranstaltungen wegen der Corona-Krise im Herbst 2021 / Frühjahr 2022 nicht ganz sicher planen können. Bei manchen Veranstaltern haben sich Möglichkeiten zu kleinen Präsenz-Veranstaltungen wie auch zu Video-Seminaren ergeben.

!!! Bitte informieren Sie sich vorher immer über den jeweiligen aktuellen Stand anhand der angegebenen Homepages der Institute und Gesellschaften !!!

Berlin: www.jungberlin.de

Bodensee: www.jungbodensee.de

Psychologischer Club Zürich: www.psychologischerclub.ch

C. G. Jung-Gesellschaft Braunschweig
Info: http://junggesellschaft-braunschweig.de und info@junggesellschaft-braunschweig.de

18.02.2022, 18.00-20.00 Uhr
Workshop
Selina Danisch
Infoveranstaltung
Braunschweig

05.03.2022, 10.00-15.00 Uhr
Workshop
Selina Danisch
Träume aktiv und kreativ nutzen

18.03.2022, 18.00-19.30 Uhr
Seminar (weitere Termine folgen)
Selina Danisch
Märchen - Ein Schatz voller lebendiger Weisheiten

C. G. Jung-Gesellschaft Frankfurt am Main e. V.
im Institut für Pastoralpsychologie und Spiritualität

Offenbacher Landstraße 224
60599 Frankfurt a.M.

Kontakt:
Ludger Verst (1. Vorsitzender)
www.cgjung.de/frankfurt
Anmeldungen:
verst@sankt-georgen.de

15.10.2021, 19.00-21.00 Uhr
JUNG am Abend
Prof. Dr. Brigitte Dorst, Münster
„Die SEELE ist naturaliter religiosa" (C.G. Jung)
Über Spiritualität und Sinn in der Analytischen Psychologie

16.10 2021, 10.00-15.00 Uhr
Seminar
Prof. Dr. Brigitte Dorst, Münster
Symbole. Hilfen auf dem Weg der Individuation

01.11.2021, 19.00-21.00 Uhr
Seminar
Dr. Peter Held, Darmstadt
Persönlichkeitsentwicklung, Vol. 1: Schöpferische Gespräche anhand von Träumen, inneren Bildern und symbolischen Alltagserfahrungen

15.11.2021, 19.00-21.00 Uhr
Lektürekurs 14
Thilo Brandl, Mainz
Ausgewählte Texte aus C.G. Jungs „Antwort auf Hiob"

06.12.2021, 19.00-21.00 Uhr
Seminar
Dr. Peter Held, Darmstadt
Persönlichkeitsentwicklung, Vol. 2: Schöpferische Gespräche anhand von Träumen, inneren Bildern und symbolischen Alltagserfahrungen

13.12.2021, 19.00-21.00 Uhr
Lektürekurs 15
Thilo Brandl, Mainz
Ausgewählte Texte aus C. G. Jungs „Antwort auf Hiob"

07.02.2022,
19.00-21.00 Uhr
Seminar
Dr. Peter Held, Darmstadt
Persönlichkeitsentwicklung, Vol. 3: Schöpferische Gespräche anhand von Träumen, inneren Bildern und symbolischen Alltagserfahrungen

14.02.2022, 19.00-21.00 Uhr
Lektürekurs |16
Thilo Brandl, Mainz
Ausgewählte Texte aus C. G. Jungs „Antwort auf Hiob"

19.03.2022, 10.30-13.00 Uhr
JUNG-Matinée
Dr. Klaus-Uwe Adam, Kassel
Therapeutisches Arbeiten mit dem ICH

Veranstaltungsort: Hörsaalgebäude der PTH Sankt Georgen
Offenbacher Landstraße 224
60599 Frankfurt a.M.
Haltestelle Balduinstraße

Eintritt:
Vortrag: 10,00 € / 8,00 € (Mitglieder)
Seminar: 15,00€ / 12,00 € (Mitglieder)

Der Eintritt für Studierende ist frei. Platzreservierung erforderlich!

C. G. Jung-Gesellschaft Freiburg e. V.
Mozartstr. 64, 79104 Freiburg
www.cgjung-freiburg.de
Veranstaltungsort:
Mozartstr. 64, 79104 Freiburg

08.10.2021, 20.00-21.30 Uhr
Vortrag Tom Holmes, Prof. em.,
**Reise in die Innenwelt –
Die Arbeit mit Persönlichkeits-
anteilen**
8,00 € / 6,00 € ermäßigt / Mitglieder kostenlos

09.10.2021, 09.30-17.30 Uhr
Seminar Gert Sauer, Psychoana-
lytiker, Freiburg
Aktive Imagination
Praxis Gert Sauer, Freiburg,
Vordere Poche 27
Anmeldung:
gert.sauer@t-online.de

23.10. und 27.11.2021
jeweils 15.00-18.00 Uhr
Seminar Maria Uihlein, Patrizia
Heise
**Malen von Bildern aus dem
Unbewussten**
30,00 € / Mitglieder 20,00 €, inkl.
Material. Anmeldung: Maria Uih-
lein Tel. 0761 44 58 88

29.10.2021, 20.00-21.30 Uhr
Vortrag Dr. Christa Schmidt,
Psychotherapeutin, Ebenhausen
**Familiengeschichte in
Träumen - Spurensuche über
Generationen (Traumskulptu-
ren stellen)**
8,00 € / 6,00 € ermäßigt / Mit-
glieder kostenlos

30.10.2021, 10.00-13.00 Uhr
Seminar Dr. Christa Schmidt,
Psychotherapeutin, Ebenhausen
**Familiengeschichte in
Träumen - Spurensuche über
Generationen (Traumskulptu-
ren stellen)**
45,00 € / Mitglieder 35,00 €
19.11.2021, 20.00-21.30 Uhr

Vortrag Linda Briendl, Psychotherapeutin, Baden, CH
**Die innere Welt der Bilder als
Sprache der Seele**
8,00 € / 6,00 € ermäßigt / Mitglieder kostenlos

20.11.2012, 10.00-13.00 Uhr
Seminar Linda Briendl, Psychotherapeutin, Baden, CH
**Der schöpferische Umgang
mit Bildern in der Jung´schen
Psychotherapie**
45,00 € / Mitglieder 35,00 €

03.12.2021, 20.00-21.30 Uhr
Vortrag Beate Kortendieck-Ra-
sche, Frauenärztin, Berlin
**Bild der Väter in Träumen und
in den Christgeburtsdarstel-
lungen**
8,00 € / 6,00 € ermäßigt / Mitglieder kostenlos

18.10., 15.11., 13.12.2021,
jeweils 20.00-21.30 Uhr
Offener Gesprächskreis
Martin Sinemus, Rodtraud
Sauer, Gert Sauer
**Was kann die Analytische Psy-
chologie zum aktuellen Geschehen beitragen?**
kostenlos

11.10., 22.11.2021,
jeweils 20.00-21.30 Uhr
Offener Gesprächskreis
Heinrich Klein, Monika Friede-
mann
Leben und Werk C. G. Jungs
kostenlos
Anmeldung: Heinrich Klein
Tel. 0761 35 78 4 (ab 19.00 Uhr)

Frühjahr 2022, 20.00-21.30 Uhr
Vortrag
Marascha Heisig,
Psychotherapeutin
**Lebensübergänge mit Ritualen
in der Natur heilsam gestalten**
8,00 € / 6,00 € ermäßigt / Mit-
glieder kostenlos

**C. G. Jung-Gesellschaft
Köln e. V.**
Kartäuserwall 24b, 50678 Köln
Tel.: 0221/3101438
E-Mail: geschaeftsstelle@cg-
jung.org; www.cgjung.org

Veranstaltungsort:
Melanchthon-Akademie,
Kartäuserwall 24b, 50678 Köln

16.10.2021, 10.00-15.00 Uhr
Online-Seminar Dr. Susanne Ga-
briel und Dr. Christiane Neuen
**Einführung in die Analytische
Psychologie C. G. Jungs**

23.10.2021, 10.00-15.00 Uhr
Seminar mit Klavier
Dr. Jörg Rasche
**Die Symbolik des Selbst in der
Musik**

19.11.2021, 18.00-21.00 Uhr
Vortrag Thomas Schwind
**Mythen in der Tiefenpsycho-
logie**

20.11.2021, 10.00-17.00 Uhr
Arbeitskreis für Philosophie und
Analytische Psychologie
Dr. phil. Reiner Manstetten
Dr. med. Matthias Gabriel
Thomas Schwind
**Die dunkle Seite der Wirt-
schaft**

26.11., 16.12.2021, 14.01.,
11.02., 11.03.2022
jeweils 18.00-21.00 Uhr
Traumgruppe
Prof. Dr. Brigitte Dorst
**Träume als Zugang zum Unbe-
wussten**

11.12.2021, 10.00-13.00 Uhr
Seminar
Dieter Schnocks
**Die tiefenpsychologisch-sym-
bolische Sichtweise der göttli-
chen Selbst-Kräfte**

11.12.2021, 05.03., 07.05.2022
jeweils 10.00-18.00 Uhr
Seminar Cornelia Ehrlich
Im Atemraum der Seele

17.12.2021, 18.00-20.00 Uhr
Vortrag Prof. Dr. Brigitte Dorst
Der Archetyp des Kindes, das Göttliche Kind und das innere Kind

15.01.2022, 10.00-18:.0 Uhr
Seminar Prof. Dr. Brigitte Dorst
Weisheit und Spiritualität

22.01., 12.02., 12.03.2022
jeweils 10.00-17.30 Uhr
Seminar Thomas Schwind
Arbeit am Mythos

29.01.2022, 11.00-18.30 Uhr
Fortbildung für
Psychotherapeut*innen
Joachim Raack
Träume in der Analytischen Psychologie

05.02.2022, 10.00-17.00 Uhr
Seminar
Dr. med. Susanne Gabriel
Gelassenheit - der Schlüssel zum Tor der Individuation

19.02.2022, 10.00-17.00 Uhr
Arbeitskreis für Philosophie und Analytische Psychologie
Prof. Dr. Leo Dümpelmann
Dr. med. Matthias Gabriel
Thomas Schwind
Grundstrukturen der Existenz. Zugänge zu Martin Heideggers Denken

04.03.2022, 18.00-20.00 Uhr
Vortrag Dr. Bernd Leibig
Schmerz und seelische Entwicklung
05.03.2022, 10.00-13.00 Uhr

Seminar Dr. Bernd Leibig
Dipl.-Päd. Margarete Leibig
Schmerz und seelische Entwicklung

12.03.2022, 10.00-18.00 Uhr
Erika Jungbluth
Sandspiel in Theorie und Praxis

19.03.2022, 18.00-20.00 Uhr
Vortrag
Dr. Marianne Meister-Notter
Mutter-, Vater-, Ich-Komplex

20.03.2022, 11.00-17.00 Uhr
Seminar
Dr. Marianne Meister-Notter
Mutter-, Vater-, Ich-Komplex

19.03.2022, 11.00-18.00 Uhr
Workshop Günter Hammerstein
Meditation im Tanz

26.03.2022, 9.00-15.00 Uhr
Online-Malworkshop
Astrid Müller
Der Wolf

01.04.2022, 18.00-20.00 Uhr
Vortrag Dr. Renate Daniel
Das Selbst

02.04.2022, 10.00-13.00 Uhr
Seminar Dr. Renate Daniel
Individuation

09.04.2022, 12.00-18.00 Uhr
Seminar Dr. Marascha D. Heisig
Resilienz in Zeiten der Transformation

30.04.2022, 10.00-17.00 Uhr
Arbeitskreis für Philosophie und Analytische Psychologie
Mythos und Moderne

C. G. Jung-Gesellschaft Sachsen e. V.
Kontakt über:
www.cgjung-sachsen.de
Veranstaltungsort:
Siehe Internet

01.11.2021, 18.00-21.00 Uhr
Leitung: Christian Kessner
Psychologischer Lesekreis „C. G. Jung"
Veranstaltungsort: Dresden
Näheres (Themen, Literatur, Ablauf usw. auf unserer Webseite)
Alle Abende sind auch als Einzelveranstaltung buchbar

In Planung für Frühjahr 2022:
Wochenendseminar „Malen aus dem Unbewussten"
Anleitung: Dipl.-Psych. Hedwig Perriard-Maire, Bern (CH)

Vorschau 2022:
**2. Sächsisches C. G. Jung-Symposium am 16./17. September 2022 in Dresden
Thema: Der Sinn suchende Mensch**
Eröffnungsreferat: Prof. Dr. Görnitz, Quantenphysiker, München, spricht zu:
„Natur und Sinn - Wo kommen wir her, wo gehen wir hin"
Die weiteren Referenten sind angefragt.

**C. G. Jung-Gesellschaft
Stuttgart e. V.**
Tübinger Straße 21
70178 Stuttgart
Kontakt und Anmeldung:
Tel. 0711 51 87 23 65
gesellschaft@cgjung-stuttgart.de
mitglieder@cgjung-stuttgart.de
www.cgjung-stuttgart.de

Veranstaltungsort:
Tübinger Str. 21, 70178 Stuttgart, wenn nicht anders angegeben

15.11.2021, 20.00-21.30 Uhr
Vortrag
Maretta Steigenberger
**Schuld- und Schamkomplex
im Spannungsfeld von Vergan-
genheit, Gegenwart, Zukunft**
Präsenz und Online

14.02.2022, 20.00-21.30 Uhr
Vortrag
Prof. Dr. Karl-Josef Kuschel
**Einander im Geheimnis aner-
kennen - Martin Bubers Ange-
bot im Gespräch mit Christen**
Präsenz und Online

**C. G. Jung-Institut
Zürich, Küsnacht**
Hornweg 28
CH-8700 Küsnacht
Tel. +41 44 914 10 46
Fax +41 44 914 10 50
programm@junginstitut.ch
www.junginstitut.ch

28.-30.10.2021
Themenwochenende
**Grundlagen der Analytischen
Psychologie**

11.11.2021, 18.05-19.35 Uhr
Vorlesung
Claudine Koch-Morgenegg, lic.
phil.
**Das Traumleben hochbetagter
Menschen**

12.11.2021, 18.05-19.35 Uhr
Vorlesung
Ursula Brasch, lic.phil.
**Entwicklungsaspekte in Träu-
men zwischen Ich-Entwick-
lung, Selbsterkenntnis und
Individuation**

18.11.2021, 18.05-19.35 Uhr
Vorlesung
Edit Szeréna Kruppa, Dr.
**Ist die Enantiodromie tatsäch-
lich so grausam?**

19.11.2021, 18.05-19.35 Uhr
Vorlesung
Allan Guggenbühl, Prof. Dr.
**Fehler und Irrtümer in der psy-
chotherapeutischen Arbeit**

25.11.2021, 18.05-19.35 Uhr
Vorlesung
Ingrid Riedel, Prof. Dr. Dr.
**Psychologische Zugänge zum
„Großen Ganzen"**

02.12.2021, 18.05-19.35 Uhr
Vorlesung
Allan Guggenbühl, Prof. Dr. phil.
**Konflikte und Gewalt in Fami-
lie und Schule**

02.12.2021, 14.05-15.35 Uhr
Vorlesung
Anita Horn, Dr. phil.
Generation Z

03.12.2021, 18.05-19.35 Uhr
Vorlesung
Marianne Meister-Notter, Dr. phil.
**Aspekte des Selbstbildes
eines Mädchens in der Latenz-
phase**

16.12.2021, 14.05-15.35 Uhr
Vorlesung
Anita Horn, Dr. phil.
**Dissoziation als Copingstrate-
gie der digitalen Gesellschaft?**

16.12.2021, 15.50-17.20 Uhr
Vorlesung
Milena Sotirova-Kohli, Dr. phil.
**Können Menschen Disembo-
died sein?**

16.12.2021, 18.05-19.35 Uhr
Vorlesung
Christof Ammermann, Dr. phil.
**Einzelfallstudien im Systemzu-
sammenhang**

06.01.2022, 18.05-19.35 Uhr
Vorlesung
Renate Daniel, Dr. med.
**Archetypische Aspekte von
Angst und Furcht**

13.01.2022, 10.05.-17.45 Uhr
**Infotag: Postgraduale Weiter-
bildung in Jung'scher Psycho-
therapie**
Kostenlose Veranstaltung für
Weiterbildungsinteressierte
Renate Daniel, Dr. med.
Ingrid Riedel, Prof. Dr. Dr.
Verena Kast, Prof. Dr.
Denise Vaia, Eidg. anerkannte
Psychotherapeutin

20.-22.01.2022
Themenwochenende
**Religion/Ethnologie/Spiritua-
lität**

20.01.2022, 18.05-19.35 Uhr
Vorlesung
Doreothee Sutter-Stickel, Dr.
oec. et lic. phil.
Gott Gott sein lassen in säkularer Zeit - ein Paradoxon

21.01.2022, 18.05-19.35 Uhr
Vorlesung
Elisabeth Grözinger, Dr. theol.
Religion und Seele bei C. G. Jung

27.01.2022, 18.05-19.35 Uhr
Vorlesung
Ingrid Riedel, Prof. Dr. Dr.
Paul Klees Engelzeichnungen

Weitere englischsprachige Veranstaltungen können über die Homepage eingesehen werden.

**ISAP Zurich
Internationales Seminar für Analytische Psychologie Zürich**
Stampfenbachstraße 115
CH-8006 Zürich
Tel. +41(0)43 344 00 66
www.isapzurich.com
office@isapzurich.com

29.03.2022, 09.30-18.00 Uhr
Vorträge, Workshops, Podiumsgespräch
Verschiedene Referenten
Märztagung: Imagination Unterwegs zu den inneren Bildern

3., 10., 17., 24. und 31.05.2022,
18.30 – 20.30 Uhr
Kleingruppe, keine Vorkenntnisse nötig

Lucienne Marguerat, lic. phil.,
Lehranalytikerin/Supervisorin
Traumgruppe – Schöpferische
Arbeit an den eigenen Träumen

Impressum

Jung-Journal – Forum für Analytische Psychologie und Lebenskultur
Jahrgang 24, Heft 46, Oktober 2021
ISSN: 1867-4690
ISBN: 978-3-939322-46-7

Halbjährliches Erscheinen April und Oktober.
Ein Jahresabonnement mit 2 Heften kostet z. Zt. € 15,- incl. Versandkosten.
Ein Jahresabonnement mit 2 Heften als PDF-Datei z. Zt. € 10,-
Bestellungen über:
Internet: www.jung-journal.de
E-Mail: mail@jung-journal.de

Postadresse: opus magnum -
Lanzstr. 12, 65193 Wiesbaden
Bankverbindung: opus magnum
IBAN: DE60 6001 0070 0570 3447 02
BIC: PBNKDEFF

Redaktion
Prof. Dr. Lutz Müller, Anette Müller (Hrsg.)
Franziska Lang, Margarete Leibig,
Bernd Leibig, Dieter Volk

Layout
Barbara Fischer, Anette Müller, Lutz Müller

Lektorat
Franziska Lang

Druck: Kohlhammer Stuttgart
Verlag: opus-magnum
www.opus-magnum.de
Webmaster: Walter Fleritsch

Bildnachweis: Wenn nicht anders angegeben, stammen alle Abbildungen aus lizenzfreien Quellen des Internet oder aus Privatbesitz. Titelbild: lolloj: in the human head, Adobe Stock 46185167.

Bisher erschienen:

Die Hefte sind über den (Internet-) Buchhandel erhältlich.
Für Abonnenten und Gesellschaftsmitglieder stehen PDFs aller Hefte zum kostenlosen download zur Verfügung (siehe www.jung-journal.de)

Folgende Themen für die nächsten Ausgaben sind in Planung:

Heft 47, April 2022, Arbeitstitel: **Deutung und Bedeutung.**
Bitte keine weiteren Beitrags-Vorschläge mehr einsenden.
Heft 48, Oktober 2022, Arbeitstitel: **Sinn und Zweifel.**
Beitrags-Vorschläge können eingereicht werden bis April 2022.
Sie werden von der Redaktion auf Eignung geprüft.